Darkland – Dunkelland

von Bernhard Hagemann

Langenscheidt

Berlin · Madrid · München · Warschau · Wien · Zürich

Lektorat: Gabriele Dietz
Englischsprachiges Lektorat: Charlotte Collins
Layout: Kathrin Mosandl
Illustrationen: Claudia Flor
Umschlaggestaltung: init.büro für gestaltung, Bielefeld
unter Verwendung einer Illustration von Claudia Flor

Dank an Dagfinn Sivertsen und Pete Littlewood

www.langenscheidt.de

Satz: kaltner verlagsmedien GmbH, Bobingen
Druck und Bindung: Stürtz GmbH, Würzburg

ISBN 978-3-468-20633-7

11010

Arrival

Angekommen. Samuel betrat den Bahnhof von Nocklesford, der Stadt, in der seine Mutter aufgewachsen war und die nun auch seine Heimat werden sollte.
Aufwachsen würde er natürlich nicht mehr hier, denn Samuel fühlte sich mit seinen fast dreizehn Jahren nicht mehr als Kind. Sollte er irgendwann seine Memoiren schreiben, würde es heißen: Verbrachte seine Kindheit in Berlin-Wilmersdorf, ein paar Monate vor seinem dreizehnten Geburtstag nach Nocklesford im südlichen England umgesiedelt, wo seine Mutter nach der Scheidung von ihrem Mann Arbeit als Krankenschwester gefunden hatte.
So würde es in seiner Biografie stehen.
Samuels Mutter war Engländerin und es zog sie zurück in ihre Heimatstadt. Samuel kannte Nocklesford. Er erinnerte sich an Besuche bei seinen Großeltern und an den alten Jaguar, den sein Opa gefahren hatte. Vor zwei Jahren war seine Großmutter gestorben, vor sechs Monaten nun auch sein Großvater. Und seitdem stand das Haus leer, in dem seine Mutter als Kind gelebt hatte und das sie nun bewohnen wollten.
"**Welcome** to England!", rief seine Mutter freudig, als sie Samuel auf dem Bahnsteig fest umarmte. "**Did you have** a good **journey**?"

arrival Ankunft
welcome willkommen
Did you have ...? Hast du ... gehabt?
journey Reise

Hatte er. Erstmals war Samuel mit dem Eurostar unter dem Wasser durchgerast – eine Zugfahrt wie eine lange, schnelle U-Bahnfahrt ohne Zwischenstopp. Dann war er mit einem zweiten Zug stundenlang durch die südenglische Landschaft gefahren, bis er endlich Nocklesford erreichte, wo seine Mutter schon seit vier Wochen arbeitete. Samuel hatte die Sommerferien noch bei seinem Vater in Berlin verbracht und war nun nachgekommen. Sie verließen den Bahnsteig und stiegen in einen kleinen Mini, den sich seine Mutter gleich bei ihrer Ankunft hier zugelegt hatte. Steuer auf der rechten Seite, das war etwas, woran sich Samuel erst noch gewöhnen musste. Er sah aus dem Fenster, hinter dem nun die kleine Provinzstadt an ihm vorüberzog. Kaum hatten sie die Bahnhofsstraße hinter sich gelassen, kamen sie in eine Wohngegend, in der sich Reihenhäuser in endlosen Zeilen erstreckten, wie es so typisch ist in England. Aber Samuel wusste, das Haus seiner Großeltern war anders.

have had renovated habe renovieren lassen
have put habe gestellt
stuff Kram
have left habe gelassen
unpack auspacken
arrange hinstellen

"I think you'll like the house." Seine Mutter drehte sich zu ihm um, was eigenartig wirkte, so von der "falschen" Seite. "I**'ve had** it **renovated**. I**'ve put** your **stuff** in your room, but I**'ve left** it for you to **unpack**, so you can **arrange** it how you like."

"Hm", machte Samuel und merkte, wie er von Nervosität erfasst wurde.

Es war Freitag. Das Wochenende über würde er seine Ruhe haben, aber am Montag musste er in die Schule. In seine neue Klasse. Und es wäre gelogen, zu behaupten, er würde dem ersten Schultag gelassen entgegensehen.

Gelassenheit fühlte sich anders an.

Nach weniger als zehn Minuten waren sie da und Samuel wunderte sich über den Carport, in den seine Mutter den Mini steuerte. Der war neu.

"This is a very big garage", sagte er.

"Yes", antwortete seine Mutter. "It's new. Nice, **isn't it?**"

Samuel hievte seine Reisetasche von der Rückbank und stieg aus.

Es war ein schönes, altes Haus. Anders als die üblichen Reihenhäuser, die das Stadtbild prägten, stand das Elternhaus seiner Mutter mitten in einem Garten. Alte Bäume und eine hohe Hecke hielten die Blicke von Neugierigen ab. Und es gab genügend Platz für sie beide. Im Erdgeschoss gleich die erste Tür links führte in ein Esszimmer, das in ein großes Wohnzimmer überging. Von dort kam man wieder zurück in den Flur und in eine geräumige Küche. Oben gab es noch drei Zimmer und darüber einen riesigen Speicher. Keine Frage, die Möbel, die sie aus Deutschland mitgebracht hatten, wirkten in dem großen Haus verloren. Ein paar Stühle mehr, vielleicht noch ein Sofa und ein paar Bilder an den Wänden würden der Einrichtung guttun. Aber dafür hatten sie ja Zeit.

isn't it? nicht wahr?

"I've **given** you this room." Sie standen im größten Zimmer des oberen Stockwerks. Ein Fenster ging hinaus zur Straße und das andere in den Garten mit Blick auf eine alte Buche.

have given
habe gegeben
tried
habe versucht
change ändern
just nur
put up aufstellen
must musst
would like
möchtest
supper
Abendessen
how about
wie wäre es mit
chips Pommes
will leave
werde lassen

"Do you like it? I **tried** to make it look nice", sagte seine Mutter, "but we can **change** it if you want."

"No, it's okay", sagte Samuel und nickte.

Sein Schrank stand gleich links an der Wand. Der Zimmertür gegenüber, halb unter einem Fenster, halb im hinteren Eck des Zimmers, war sein Bett, an der rechten, fensterlosen Wand sein Schreibtisch. Ein Sitzsack noch und das war es auch schon.

"I like it", sagte Samuel. "I **just** need a shelf."

"No problem", sagte seine Mutter und strich ihm liebevoll durchs Haar. "We can **put up** a shelf."

Seine Mutter führte ihn noch durch die anderen beiden Zimmer des oberen Stockwerks. Das kleinere war ihr Arbeitszimmer, in dem auch ein Schlafsofa für Gäste untergebracht war, das dritte ihr Schlafzimmer.

"You **must** be hungry", sagte seine Mutter. "What **would** you **like** for **supper**? **How about** steak and **chips**?"

"Great", antwortete Samuel.

"Okay. I'**ll leave** you to unpack. Supper will be ready in ten minutes."

Samuel ließ sich auf sein Bett sinken und nahm noch einmal sein neues Zimmer in Augenschein. Sein Blick fiel auf die steile Holztreppe, die seinem Zimmer gegenüberlag. Die Tür zur Treppe stand weit offen, fast als wollte sie ihn einladen, den Speicher zu besuchen.
Der Speicher war ein großer Raum unter einem hohen Spitzdach. Über Samuel erhob sich eine Konstruktion aus Dachlatten und Balken, über denen die rostigroten Ziegel zu sehen waren. An manchen Stellen schimmerte das Tageslicht hindurch und Samuel hörte das Rauschen des Windes. Der Speicher schien ungenutzt zu sein und war so gut wie leer. Ein paar Kisten standen herum und Spinnenweben schimmerten matt vor den beiden kleinen Dachluken, durch die spärlich Licht einfiel. In einer Ecke verbargen staubige Decken zwei alte Sessel. Seltsam jedoch war das Gebilde in der anderen Ecke des Raumes, verborgen unter einem fleckigen, schwarzen Tuch, unter dem drei dunkle Holzbeine hervorwuchsen.
Als Samuel über die dicken Bohlen spazierte, um das Ding aus der Nähe anzusehen, beschlich ihn ein Verdacht. Er erinnerte sich daran, dass seine Mutter ihm erzählt hatte, sein Urgroßvater habe als Fotograf gearbeitet, und er wusste, dass Fotoapparate nicht immer die kleinen kompakten Geräte gewesen waren, die man in der Hosentasche verschwinden lassen konnte. Nein, Fotoapparate waren früher riesenhafte Gebilde und das Fotografieren war ein komplizierter Prozess, zu dem viele Chemikalien benötigt wurden. Im Schein des Lichts, das durch eine der Fensterluken fiel, sah Samuel die

Staubschicht, die sich auf dem schwarzen Tuch gesammelt hatte und die sich auf den Speicherboden verteilte, als Samuel das Tuch wegzog.
Tatsächlich!
Ein riesiger alter Fotoapparat kam zum Vorschein. Ein mächtiger hölzerner Kasten mit einem großen, halb erblindeten Objektiv auf der einen Seite und einem Rahmen auf der anderen, in dem eigentlich eine Scheibe stecken müsste, die hier aber fehlte. Dazwischen eine schwarze Ziehharmonika, die man Balgen nennt. Samuel wusste, dass sich die Fotografen früher mit dem Kopf unter das schwarze Tuch begeben mussten, um auf der Mattscheibe ihr Motiv zu erkennen und scharf zu stellen. Er wollte sich das Gerät gerade genauer ansehen, als er von unten seine Mutter hörte, die ihn zum Essen rief.
Mit einer schnellen Bewegung warf Samuel das Tuch über den Fotoapparat und eilte die Treppe hinunter.
"**Were** you in the **attic**?", fragte seine Mutter.
"Yes", antwortete Samuel. "**There's** a big, **old-fashioned** camera **up there**. Do you think it **belonged to Great-Grandpa**?"
"Yes", erwiderte seine Mutter. "That was his. You know, I think it **still works**. It needs **repairing**, but it **should** still be **possible** to take photos with it."

were warst
attic Speicher
there's es gibt
old-fashioned altmodische
up there da oben
belonged to gehörte
Great-Grandpa Uropa
still noch
works funktioniert
repairing eine Reparatur
should sollte
possible möglich

"Great! I'd like to do that."
Sie setzten sich und Samuel merkte, dass er einen Riesenhunger verspürte. Wie ein Raubtier fiel er über das Steak her.
"Take your time", sagte seine Mutter und lachte, sichtlich froh darüber, dass Samuel nun bei ihr war.

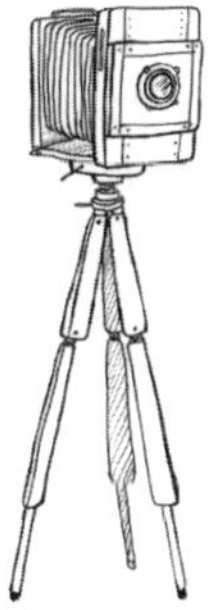

In the Attic

Dass er sich in der neuen Klasse wohlfühlte, wäre gelogen. Sie war okay. Mehr nicht. Es war sein zweiter Schultag und so viel war bereits klar: Es gab Typen, die nervten, und es gab Lehrer, die nervten. Zumindest gab es einen Lehrer, der richtig nervte. Er hieß Mr Peterson und unterrichtete Englisch.

Klar, Samuels Englisch war nicht perfekt, aber es reichte locker, um dem Unterricht zu folgen und sich in Nocklesford wie ein Einheimischer zu verständigen. Sein 'Th' war es, an dem Mr Peterson etwas auszusetzen hatte. Und dieser Peterson hatte nicht nur etwas daran auszusetzen, sondern stellte Samuel auf unschöne Weise vor der Klasse bloß.

are spitting spuckst
don't want will nicht
have to müssen
ask bitten
cleaners Putzfrauen
mop wischen
thick dicke
thistle sticks Distelstöcke
Come on! Komm schon!

"Samuel, why **are** you **spitting** everywhere? I **don't want** to **have to ask** the **cleaners** to **mop** the floor after every lesson. 'Six **thick thistle sticks**.' **Come on**, say it!"

Kaum stand Samuel im Mittelpunkt von Petersons Spott, lief er rot an wie eine Tomate.

Das 'Th' war tatsächlich seine Schwachstelle. Aber was sollte er machen? Irgendwas mit seiner Zunge lief da aus dem Ruder, oder mit seinen Zähnen, oder mit beidem. Jedenfalls neigte Samuel zum Lispeln

und das konnte sein 'Th' zu einer feuchten Angelegenheit machen. Aber eigentlich war das kaum wahrzunehmen, wäre da nicht ein Englischlehrer, der die Aufmerksamkeit der gesamten Klasse darauf lenkte.
Vielleicht war Samuels Englisch einfach nur zu gut für einen deutschen Schüler und Peterson gestand ihm das nicht zu und suchte mit aller Macht nach einem Fehler?
Natürlich gab es auch Schüler, die nervten. Vor allem Tom, Pete und Scotty. Wobei Scotty so was wie der Chef der drei war, ein großer, kräftiger Bursche mit kurzen schwarzen Haaren und listigen Augen. Scotty schien pure Energie zu sein, sein Körper stand immer unter Anspannung. Pete und Tom waren seine Adjutanten: Pete ein etwas dicklicher, blonder Langweiler mit weichen Gesichtszügen, der nie eine eigene Meinung äußerte. Pete schien nur in Verbindung mit den anderen zu funktionieren. Er tat, was man ihm sagte. Und dann war da Tom, immer in Bewegung, ständig bemüht, größtmögliche Lässigkeit an den Tag zu legen. Er ging nicht, er tänzelte wie ein Boxer. Als wäre er ein Champion und die anderen wüssten es nur nicht.
Die drei hatten ein Opfer in der Klasse und das war Luke. Warum gerade Luke, begriff Samuel nicht. Er schien ein netter Kerl zu sein. Ein bisschen schmächtig vielleicht, seine Haare in leuchtendem Rot und seine Haut blass und voller Sommersprossen.
Petersons Cleaning-Service-Nummer weckte bei Scotty, Tom und Pete auch in Bezug auf Samuel den Erfindungsgeist.

In der ersten Pause schüttelte Tom seine Colaflasche kräftig durch, bevor er sie wie zufällig unmittelbar neben Samuel ruckartig öffnete. Eine Colafontäne schoss Samuel ins Gesicht.
“Oh, sorry”, rief Tom mit gespieltem Bedauern. “It must be German cola – it can’t say ‘th’ **without** spitting.”
Scotty und Pete lachten. Samuel überlegte noch, ob und was er sagen könnte, als Luke den Flur entlangkam. Mit einer schnellen Bewegung schnappte ihn sich Scotty und zog ihn zurück ins leere Klassenzimmer. Tom und Pete folgten augenblicklich. Wie selbstverständlich stülpten sie Luke den Papierkorb über den Kopf. Scotty trommelte mit den Fäusten darauf herum, Pete filmte das Ganze mit seinem Handy.
“**Are you all right in there**, Luke?”, lachte Scotty. “You’re **going to be** a star on YouTube next week.”
“Hey, **what’s going on**?” Samuel wollte Luke zu Hilfe eilen, da bekam er von hinten einen Rempler, dass er über die nächste Bank flog.
“Oh **look**, he **fell over**”, hörte er Tom.
“**Better be careful**. You’**ll find** we do **a lot of** things **differently** in England”, sagte Scotty höhnisch. “Classrooms can be dangerous.”
Sie ließen von Luke ab und verschwanden nach draußen auf den Pausenhof.

without ohne
Are you all right? Geht’s dir gut?
in there da drin
going to be wirst
What’s going on? Was ist hier los?
look schaut
fell over ist hingefallen
Better be careful. Pass lieber auf.
will find wirst finden
a lot (of) viele
differently anders

Samuel half Luke, den Dreck von seinen Schultern zu klauben und das Papier und den sonstigen Müll wieder einzusammeln.
"What **have those** three **got against** you?", fragte er.
"They're **crazy**", antwortete Luke. "They**'re** always **bullying** me. I don't know why. Maybe it's because I get good **marks** and they don't."
"**Really**?"
"Scotty **doesn't need** a **reason** to bully you. As you can see."
"**Does it happen often**?"
"What?", fragte Luke. "That they bully me and **film** it on their mobile phones? **At least once** a week."
"Can't you do something about it?"
Sie gingen auf den Pausenhof. Nichts zu sehen von Scotty, Tom und Pete, die womöglich irgendwo bei den älteren Schülern rumhingen. Es war laut hier draußen. Die Kleinen rannten über den Hof und spielten Fangen, die Mädchen standen in Gruppen, ließen sich von den Jungen ärgern und schimpften oder ärgerten ihrerseits die Jungen und lachten. Das Schulleben war sicher überall auf der Welt sehr ähnlich. Egal, ob man in Nocklesford war, in Berlin, Paris oder sonstwo.

those diese
have got haben
against gegen
crazy verrückt
are bullying schikanieren
marks Noten
really wirklich
doesn't need braucht keinen
reason Grund
does it happen passiert es
often häufig
film filmen
at least mindestens
once einmal

"The teachers know about it. Scotty's **been sent** to the **headmaster**, but **he doesn't care.** Nothing's going to change, **because of** his dad", sagte Luke.

"Why? Who's his dad?"

"Smith Textiles." Luke fixierte Samuel mit einem vielsagenden Blick.

Samuel aber zuckte nur mit den Schultern. "I'm new here."

"Mr Smith is king here in Nocklesford. He's the biggest **employer** in the town. Lots of people here **work** for him. He's so rich and **important** he can do **whatever** he likes. And his son can too. The school always says it'**s going to expel** him, but **then** his dad pays for new **equipment** and nothing happens. Know what I'm saying?"

"**Sounds medieval**", antwortete Samuel.

Es klingelte. Gott sei Dank stand keine weitere Stunde Englisch auf dem Stundenplan. Nach dem Unterricht gingen Luke und Samuel noch ein Stück gemeinsam, bevor sie sich an einer großen Kreuzung trennten.

"Do you want me to **show** you **around** town?", erbot sich Luke. "We **could** go tomorrow afternoon, if you like."

"Good idea", sagte Samuel. Er mochte Luke und einen

has been sent wurde geschickt
headmaster Schuldirektor
He doesn't care. Ihm ist es egal.
because of wegen
employer Arbeitgeber
work arbeiten
important wichtig
whatever alles, was
is going to expel wird rausschmeißen
then dann
equipment Ausstattung
sounds klingt
medieval mittelalterlich
show around herumführen
could könnten

Freund konnte er schließlich als Neuling gut gebrauchen. “I’ll **meet** you after school tomorrow. **See you!**”

Samuel und seine Mutter hatten ausgemacht, dass er ein paar Stunden nach der Schule problemlos alleine zurechtkäme, während sie noch arbeiten musste. Zu Hause also aß er die belegten Brötchen, die seine Mutter für ihn in den Kühlschrank gelegt hatte, dann zog er sich auf den Speicher zurück. Nachdem er gestern nicht dazu gekommen war, wollte er sich heute noch einmal dem alten Fotoapparat seines Urgroßvaters widmen.

Es hatte leicht zu regnen begonnen. Samuel hörte das Prasseln der Tropfen auf den Dachziegeln. Es war ein schönes Geräusch und ein schönes Gefühl, sich unmittelbar unter dem Dach zu befinden, dem Regen zu lauschen, ihm aber nicht schutzlos ausgeliefert zu sein.

Den Fotoapparat fand Samuel vor, wie er ihn verlassen hatte. Unter dem großen schwarzen Tuch verborgen, stand er wie ein vergessenes Museumsstück in seiner Ecke. Samuel packte die Kamera und manövrierte sie ein Stück zur Seite unter den schwachen Schein der Glühbirne, die an einem Kabel von einem der Balken baumelte. Sie hatte ein stolzes Gewicht und Samuel schob mehr, als dass er sie trug. Er nahm das schwarze Tuch herunter und richtete das Objektiv auf eines der Fenster aus. Dann griff er nach dem Drahtauslöser, warf sich das schwarze Tuch über den Kopf und versuchte, etwas zu erkennen.

will meet werde treffen
See you! Bis dann!

Aber es fehlte die Mattscheibe, ein rechteckiges, milchiges Glas auf der Rückseite des Gehäuses, auf dem man normalerweise das angepeilte Motiv auf dem Kopf stehend sehen konnte. Samuel blickte stattdessen in das Innenleben der Kamera: in den finsteren Tunnel des Balgens, einen gefalteten, lichtundurchlässigen Karton, der wie eine Ziehharmonika aussah und mit dem Objektiv endete. Um das Dunkel in dem Apparat mit Licht zu versorgen, musste sich der Verschluss des Objektivs für einen Augenblick öffnen, so viel wusste Samuel. Er drückte den Schiebestift auf dem Drahtauslöser ganz durch. Ein Klacken und der Verschluss öffnete sich. Licht schimmerte durch die Linse. Für einen kurzen Augenblick war ein kleiner weißer Punkt am anderen Ende des Balgens zu sehen.

Noch ein Klacken.

Was war das? Samuel erschrak, sein Herz begann wild zu pochen. Der Verschluss des Objektivs schloss sich wieder und es geschah etwas Seltsames. Ihm war, als würde er in den Balgen gezogen werden. Es war ein sonderbares Gefühl. Als würde er leichter oder verlöre den Boden unter den Füßen, ereilte ihn eine Art Schwindel. Aber er stürzte nicht, nein, im Gegenteil. Viel eher hatte er das Gefühl, leichter zu werden und zu schweben. Es war … Ja, ganz deutlich, er wurde von einer unsichtbaren, geheimnisvollen Macht in die Kamera gezogen, tief hinein in den Tunnel des Balgens, tiefer und immer tiefer. Was geschah mit ihm? Samuel drehte sich, ihm war noch schwindliger. Dann wurde ihm schwarz vor Augen und er verlor das Bewusstsein.

A **Strange** World

Als er wieder erwachte, lag er in einer Hängematte, die zwischen zwei Birken gespannt war. Er fröstelte. Die Sonne war hinter einer seltsamen Nebelschicht verschwunden, die alles in ein diffuses düsteres Licht tauchte. Bäume, Sträucher und Blumen um ihn herum wirkten seltsam leblos, als ließen sie die Blätter hängen. Dunkle Vögel zogen am Himmel ihre Kreise.
Wo war er? War das überhaupt Nocklesford?
Und was machte er in der Hängematte?
Samuel fühlte sich so erschöpft, als hätte er den halben Tag mit Holzhacken zugebracht.
"Hey, **lazybones**!", sagte da eine Frau neben ihm freundlich und rüttelte an der Hängematte. "Don't forget. You still have to **stack up** the **logs in front of** the house."
Holz schichten? Samuel erschrak.

strange seltsame
lazybones Faulpelz
stack up aufschichten
logs Holzscheite
in front of vor

Gerade hatte er an Holzhacken gedacht, jetzt sollte er es schichten? Er verstand gar nichts. Wer war diese Frau? Und warum konnte sie ihm Aufträge erteilen?
Sie hatte etwa das Alter seiner Mutter und sie hatte ein hübsches Gesicht, das ihn irgendwie an das seiner Mutter erinnerte. Sie stand neben der Hängematte und ja, wenn er es sich recht überlegte, war die Ähnlichkeit mit seiner Mutter doch sehr verblüffend. Nur ihr Haar, das im Gegenlicht schimmerte, war ungeordneter und

dunkler. Doch seine Mutter trug für gewöhnlich Hosen und diese Frau hier war mit einem alten, einfachen Rock und einer weiten, weißen Bluse bekleidet. Beinahe ärmlich sah das aus. Und auf jeden Fall komplett altmodisch.
Die Frau machte kehrt und ging auf ein Holzhaus zu. Samuel richtete sich auf. Er spürte seine Knochen wie nach einem langen, arbeitsreichen Tag. Als er an sich herabsah, erschrak er abermals. Seine Unterarme … an ihnen traten Muskeln und Adern hervor wie bei einem durchtrainierten Jugendlichen. An seinen Händen entdeckte er Schwielen. Und seine Kleidung! Wie die der Frau erweckte sie den Eindruck, als gehöre sie einem armen Menschen. Eine alte braune Leinenhose und ein zerschlissenes Hemd, mehr hatte er nicht an.
Die Gegend, in der er sich befand ... sie hatte nichts von Nocklesford. War er wieder in Deutschland und hatte seinen Englandaufenthalt nur geträumt? Aber nein, mit Berlin hatte das hier nichts zu tun. Außerdem hatte die Frau Englisch mit ihm gesprochen. Aber wo war er?
Einmal mehr wunderte sich Samuel über das diffuse Licht. Als wäre alles mit einer Energiesparlampe beleuchtet, die nicht ausreichend Helligkeit verbreitete. Ihm war kalt. Die Gegend machte auf ihn den Eindruck, als würde Unheil auf ihr lasten.
Das schlichte Holzhaus, auf das die Frau zuging, stand an einem Fluss, mit einer Veranda zum Wasser hin. Nicht weit davon entfernt sah er zwei Boote, die an

einem Steg befestigt waren, unter dem der breite Fluss bedrohlich murmelnd hinwegglitt. Das eine Boot war eine stattliche Fähre, sicher geeignet, Karren zu transportieren, das andere war ein einfacher Kahn, der sechs bis acht Menschen fassen konnte. Sie lagen fest vertäut am Steg, das Wasser umspielte ihren Bug und sie erweckten den Anschein, als wären sie lange nicht mehr benutzt worden. In der Ferne flussaufwärts sah Samuel eine Kirche. Da schien ein Ort zu sein, aber wie Nocklesford sah er nicht aus. Auch dort schien alles seltsam abgedunkelt wie durch einen fahlen Grauschleier.

hurry up beeil dich
starts anfängt

Die Frau drehte sich noch einmal nach ihm um. "**Hurry up**, before it **starts** to rain", rief sie.

Samuel erhob sich müde aus der Hängematte, als ihn plötzlich ein wirrer Sturm von Gefühlen durchströmte. Sonderbare Erinnerungen stiegen in ihm auf. Er wusste, dass er Samuel war, ein zwölfjähriger Junge, der aus Deutschland nach England übergesiedelt war, um dort ein neues Leben zu beginnen. Aber gleichzeitig merkte er auch, dass ihm die Eindrücke hier nicht mehr fremd waren und einer alten Vertrautheit wichen. Auch an dieses Leben hier erinnerte er sich. Die Schwielen an seinen Händen stammten von harter Arbeit, vom Holzhacken, aber auch vom Ziehen des Bootes über den Fluss, vom Heben schwerer Lasten, und sie rührten vom Umgang mit dem Schwert. Nicht dass er Soldat wäre oder ein angesehener Ritter, nein,

aber er führte das Schwert gern zum Kräftemessen mit Freunden.
Samuel wusste nun, dass er sich hier in einer anderen Zeit befand. Er lebte hier in einem England vor Hunderten von Jahren.
"Samuel, please do it **now**!"
Und die Frau, die ihn zum Holzschichten anhielt, war seine Mutter. Er lebte mit ihr hier in dem Fährhaus und er, Samuel, war der Fährmann. Ein Fährmann, der lange niemanden mehr über den Fluss gesetzt hatte. Die Boote am Steg waren ungenutzt. Lediglich zu kleinen Fahrten bis zur Mitte des Flusses brauchte er sie noch. So überprüfte er, dass sie noch funktionstüchtig und bereit zum Einsatz waren, wenn sie benötigt würden. Doch warum der Fährbetrieb eingestellt war, daran konnte er sich nicht erinnern.

now jetzt

"Samuel, please hurry up!", rief seine Mutter.
"Yes", sagte Samuel, "I will."
Er ging hinter das Haus zum Hackstock. Die Holzscheite lagen um ihn wie erstarrte Fische, die mit einem Netz aus dem Fluss gefischt und hier hingeworfen worden waren.
Samuel bückte sich nach den Scheiten und begann mit der Arbeit. Da bemerkte er einen Jungen, der über den Treidelpfad am Ufer des Flusses auf ihn zustrebte. Er schien aus dem Ort mit der Kirche flussaufwärts zu kommen. Er hatte rote Haare und trug ein fleckiges graues Hemd und ebenfalls eine alte braune Leinenhose.

Seine Füße steckten in Sandalen, die mit schweren breiten Riemen seltsam geschnürt waren. Unter seinen Schritten staubte die sommertrockene Erde.
Als er näher kam, erschrak Samuel wieder. Der Junge ... ja, er hatte Ähnlichkeit mit Luke aus Nocklesford.
"Samuel!", rief der Junge. "Hello, Samuel!"
"Hello, Lucas", erwiderte er.
Lucas war der Sohn des Schmiedes und sein bester Freund, wusste Samuel plötzlich. Er war es, mit dem er sich im Schwertkampf maß. Eigenhändig hatte Lucas dafür in der Schmiede seines Vaters und unter dessen Anleitung zwei wuchtige, nicht allzu scharfe Schwerter geschaffen, mit denen sie in ihrer freien Zeit aufeinander losgingen. Nie, um sich ernsthaft zu schlagen. Aber sie schenkten sich im Schwertkampf nichts und gingen an die Grenzen ihrer Kräfte.
Aber was war heute mit Lucas? Er sah besorgt aus. Irgendetwas bedrückte ihn. Er war von einer Ernsthaftigkeit, die Samuel sonst nicht von ihm kannte.
"**What's the matter?**", fragte Samuel.
"Ethan, Liam und Finley are **back**. **Have**n't you **seen** them?"

What's the matter? Was ist los?
back zurück
have seen hast gesehen

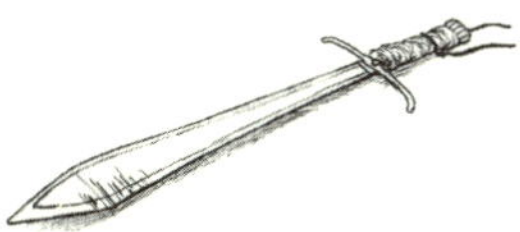

The Sword

Als Lucas näher kam, sah Samuel, dass in seiner Scheide ein anderes Schwert steckte als das, mit dem sie ihre Freundschaftskämpfe ausfochten. Das Metall dieses Schwertes war von anderer Beschaffenheit. Matter seine Oberfläche und zum Schliff der Schneide hin glänzend und edel. Auch schien es größer zu sein.

Samuel musste daran denken, dass Lucas' Vater schon seit Längerem ein besonderes Schwert zu schmieden versuchte, eines, das leichter war als andere. Einen Beidhänder, der auch mit einer Hand zu führen war, ohne dass sein Gewicht die Kampfkunst beeinträchtigen konnte. Lucas' Vater war ein Tüftler, der immer etwas Neues ausprobieren musste. Vielleicht war Lucas deshalb so ernst – weil er heute eine neue, ganz andere Waffe mit sich führte. Vielleicht war seine Ernsthaftigkeit Ehrfurcht, mit der er der neuen Waffe begegnete.

special besondere

Lucas hatte allen Grund, stolz auf die Arbeit seines Vaters zu sein; es war allgemein bekannt, dass er die besten Schwerter weit und breit zu schmieden verstand.

"Lucas!", sagte Samuel und ließ seinen Blick nicht von dem Schwert an dessen Seite. "What's this? A new sword?"

Lucas sah an sich herab und nickte. Stolz sprach aus seinem Blick.

"Is it the **special** sword?", fragte Samuel.

"Yes", antwortete Lucas. "The sword! Father's newest one. He **suggested** we should **try** it **out**."
"Wow!", entfuhr es Samuel und er streckte die Hand aus. "Can I hold it?"
"Be careful. It's very **sharp**."
Lucas war von schmächtiger Gestalt, ähnlich Luke aus Nocklesford. Er war nicht sehr groß und seine Arme nicht sonderlich muskulös. Aber man sollte sich von seiner Erscheinung nicht täuschen lassen. Lucas mochte wie ein Hänfling aussehen, aber er verfügte über eine Zähigkeit, die schon so manchen überrascht hatte.
"Here." Er zog die Waffe aus der Scheide und steckte sie vor Samuel in den sandigen Boden. Dort ragte sie nun steif und funkelnd im matten Schein der milchigen Sonne empor. Es war eine Waffe von schlichter Schönheit, ohne unnötige Verzierungen an Griff oder Parierstange. Wenn es die Geschmeidigkeit im Umgang aufwies, die Samuel erhoffte, dann wäre dieses Schwert ein unscheinbares Juwel.

suggested hat vorgeschlagen
try out ausprobieren
sharp scharf

Samuel zog die Waffe ehrfürchtig aus dem Sand und hielt sie prüfend in der Hand. Ohne Zweifel fühlte sich das Schwert längst nicht so schwer an wie ein gewöhnlicher Zweihänder, aber auch nicht zu leicht, um im Kampf ins Hintertreffen zu gelangen. Samuel hielt die Waffe senkrecht in den Himmel und fixierte die scharfe Klinge. Dann ließ er sie abrupt nach rechts abkippen

und schwang sie seitlich an seinem Kopf vorbei nach vorn. Noch nie hatte er ein Schwert in der Hand gehabt, das sich so präzise führen ließ.
"**Extraordinary**", entfuhr es ihm und er nickte anerkennend. "It's a very **well-balanced** sword. And you can use it **double-handed**."

"Yes", erwiderte Lucas. "But that's not **enough** to win in **battle**. You have to **be able to handle** it."
"I know what you **mean**." Samuel lachte. Er ließ das Schwert über seinem Kopf kreisen, stieß nach einem unsichtbaren Gegner und ließ es von oben zu Boden fahren. Es war wunderbar.
Er wollte Lucas gerade den Vorschlag machen, ob sie nicht einen kleinen Kampf ausfechten wollten, in dem jeder einmal mit dem neuen Schwert kämpfen durfte, als sie Pferdehufe hörten.
Ethan, Liam und Finley näherten sich dem Fährhaus. Sie ritten im Galopp auf sie zu und zogen erst im letzten Augenblick die Zügel an. Eine Staubwolke hüllte die drei Reiter ein. Hämisch grinsend blickten sie auf Lucas und Samuel herab.
"**Well**, look here. Who's this?" Ethans Stimme klang so schabend, knarrend und blechern wie das Geräusch, das sein Kettenhemd machte, als er jetzt mit den Armen den metallischen Brustpanzer berührte.

extraordinary außergewöhnlich
well-balanced gut ausgewogenes
double-handed beidhändig
enough genug
battle Kampf
be able to können
handle handhaben
mean meinst
well nun

Ethan, Liam und Finley waren Ritter, denen es an Edelmut fehlte, der Rittern eigentlich zu eigen sein sollte. Ethan als Sohn des Fürsten glaubte sich im Recht, von Untertanen einzufordern, wonach ihm beliebte. Mit frecher Willkür zog er mit seinen Freunden Liam und Finley durch das Land und nahm sich, wonach ihm der Sinn stand. Mal war es die Ernte der Bauern, mal das Vieh, mal die Pferde oder auch Erspartes.

Wollte jemand ein Geschäft tätigen, hielt Ethan gern die Hand auf und wollte daran beteiligt werden. Wer sich seinen Anforderungen widersetzte, dem drohte Kerker bei Wasser und Brot. Von seinem Vater stand ihm nichts zu befürchten und mit Liam und Finley hatte er zwei treue Mitstreiter zur Seite.

Der Fürst war mit dem Gebaren seines Sohnes nicht einverstanden, ließ ihn aber dennoch gewähren. Dass es in seinem Land so gut wie kein Verbrechen gab, war auch Ethan und seinen Freunden zuzuschreiben. Sie hatten sich Respekt verschafft und man wusste allerorts, dass mit ihnen nicht zu spaßen war. Es herrschte Ruhe im Land, das war nicht mit Gold aufzuwiegen, und den Fürsten kümmerte es nicht, dass diese Ruhe auf Angst gründete.

like als ob
sure sicher
what a was für eine
like wie

"Looks **like** you've got a new sword", sagte Liam.

"Are you **sure** you're the right person to carry it? I think our friend Samuel should give it to us", sagte Finley.

"**What a** good idea", sagte Ethan. "Give it to me. It looks **like** a very good sword. I'll try it out for you."

Samuel sah die drei der Reihe nach an. Noch wunderte er sich, wohin es ihn verschlagen hatte, und noch mehr aber darüber, dass ihn diese drei Ritter an Scotty, Tom und Pete in Nocklesford erinnerten. Ethan hatte Ähnlichkeit mit Scotty, Tom mit Liam und Pete mit Finley. Aber Samuel hatte nicht viel Zeit nachzudenken. Er spürte, dass von den drei Rittern hier Gefahr ausging.
"What are you waiting for?", fuhr ihn da schon Ethan an. "Give me the sword. Now."

as far as soweit
Well, well. Tja.
seems scheint
refuses weigert sich
obey gehorchen
need to müssen
explain erklären
master Herr

Seine Stimme klang unmissverständlich und schien keine Widerrede zu dulden. Aber Samuel spürte in sich Mut und eine unbekannte Entschlossenheit. Nein, er wollte nicht klein beigeben, er wollte Ethan auf keinen Fall das Schwert aushändigen. Nicht dieses neue besondere Schwert. Wenn Ethan es haben wollte, dann musste er es sich schon holen.
Und er war entschlossen, es ihm alles andere als leicht machen.
"Why do you think you should have it?", fragte er und die Entschlossenheit in seiner Stimme überraschte ihn selbst. "**As far as** I know the sword belongs to Lucas. I just want to try it."
"**Well, well**", hörte er da Liam. "It **seems** the boy **refuses** to **obey**. I think we **need to explain** to him who the **master** is here."

Wie auf einen stummen Befehl hin stiegen die drei jetzt von ihren Pferden. Sie bauten sich vor Samuel und Lucas auf, jeder die Hand am Knauf seines Schwertes. Die Pferde senkten die Köpfe, aber dort war nichts außer trockener, staubiger Erde.
"I **won't tell** you again. Give me the sword."
Samuel sah Ethan fest an. Aus den Augenwinkeln nahm er wahr, dass sich Lucas zwei, drei Schritte von ihnen entfernte.
"Give it to him", sagte Lucas und machte eine hilflose Handbewegung. "**There's no point** in fighting them."
"Your friend **is right**", sagte Ethan. "Give me the sword. Or will I have to take it from you **by force**?"
"It seems you have no **choice**." Samuel staunte über seine Worte. Tief in seinem Inneren schien alles entschieden. Diesen dreien nachzugeben kam einfach nicht in Frage.
Schon blitzte Ethans Schwert im matten Licht vor ihm auf, blitzschnell mit einem bedrohlichen Geräusch aus der Scheide gezogen und mit beiden Händen vor die Brust gehoben.
Samuel spürte eine unbekannte Kraft durch seinen Körper strömen. Wunderbar leicht lag das Schwert in seiner Hand.
Ethan federte in den Knien, sein Körper verriet höchste Anspannung.

won't werde nicht
tell sagen
there's no point es ist sinnlos
is right hat recht
by force mit Gewalt
choice Wahl

"Let's see what your sword says to this", sagte er wütend. Im selben Moment sah Samuel die Waffe des Gegners auf sich niedersausen. Instinktiv hob er sein Schwert und krachend schlugen die Schneiden aufeinander. Ethans Schwert rutschte über die Klinge bedrohlich nah, bis es schließlich von der Parierstange gestoppt wurde. Sofort machte Samuel einen Ausfallschritt nach hinten und zog sein Schwert zurück, um es gleich mit Schwung hochzureißen und mit einem schnellen Hieb auf Ethan zu zielen. Der parierte in geübter Manier und holte zum Gegenschlag aus.
Schlag folgte auf Schlag, Klinge prallte auf Klinge. Unter furchteinflößendem Lärm stoben Funken durch die Luft.
Liam, Finley und Lucas verfolgten den Zweikampf gebannt. Samuel aber fühlte in sich eine unerschütterliche Sicherheit, ja beinahe Gewissheit, dass ihm nichts geschehen würde. Dass er als Sieger vom Platz gehen würde. Von diesem neuen Schwert schien eine geheime Kraft auszugehen; es war, als liege es bei allem Gewicht federleicht in seiner Rechten, die, wie von Geisterhand geführt, immer das Richtige tat und jeden Hieb von Ethan parierte.
Lange sah es so aus, als wären beide Gegner gleich stark, als würde es keinen Gewinner geben. Doch dann ließen Ethans Kräfte nach. Samuel spürte es deutlich und nutzte die Schwächeperiode für eine tollkühne Attacke. Er hob Ethans Schwert mit einem überraschenden Angriff von unten hoch und drehte die

Klinge, sodass Ethan den Halt verlor und sein Schwert in hohem Bogen durch die Luft flog. Samuels Klinge am Hals, lag Ethan jetzt schwer atmend am Boden. Er bebte. Hasserfüllt starrte er Samuel an.

"You'**ll be sorry for** this", keuchte er, sicher, dass Samuel sein Leben und das seiner beiden Freunde schonen würde. "You **won** today, but we'll be back, and next **time** I will win."

will be sorry for wirst bereuen
won hast gewonnen
time Mal
Get out. Raus.
damage Schaden
at all überhaupt
absolutely absolut

"No, I don't think so. I will win next time, too." Samuel trat einen Schritt zurück. "Take your friends and **get out** of here."

Ethan rappelte sich auf die Beine, nahm sein Schwert und stieg auf sein Pferd. Finley und Liam taten es ihm gleich und nach wenigen Augenblicken ritten die drei davon.

Samuel und Lucas sahen ihnen nach.

"Wow!", entfuhr es Lucas schließlich. Er klopfte Samuel auf die Schulter, nahm ihm vorsichtig das Schwert aus der Hand und betrachtete es fachmännisch. Dann nickte er, blickte Samuel an und grinste.

"There's no **damage at all**. This sword is **absolutely** perfect."

Samuel schwieg. Er fühlte immer noch die Macht und die Stärke, die von diesem Schwert ausgegangen war. Es war wie ein Wunder. Er hatte keine Erklärung dafür – mit ihm fühlte er sich wie ein unbesiegbarer Krieger.

Schließlich schüttelte er den Kopf und sagte: “Yes. It’s an extraordinary sword.”
Zu gerne hätte er es in seinem Besitz gesehen.
“I must go and tell my father about this **at once**.” Lucas ließ das Schwert in die Scheide gleiten, nickte Samuel zu und machte sich auf den Weg nach Hause.
Samuel begann wieder mit dem Aufschichten der Holzscheite. Mit einem Mal spürte er, wie viel Kraft ihn der Kampf gekostet hatte. Er fühlte sich matt und erschlagen, er musste sich einfach wieder in die Hängematte legen. Als er sich darin niederließ, bemerkte er über sich einen riesigen Schatten. Ein Rauschen begleitete diesen Schatten, der den Himmel noch mehr zu verdüstern schien.

at once sofort

Und da wusste Samuel es wieder.
Es gab eine Bedrohung, die größer war als die durch die drei Ritter.
Dieser Schatten gehörte einem riesigen Drachen, dessen Flügelschlag wie eine zornige Windböe über das Land strich. War es soweit, flohen die Menschen in ihre Häuser und verharrten dort voller Angst, bis die Bedrohung vorbei war. Bis der Schatten wieder verschwunden war. Es hieß, der Drache würde sich von kleinen Kindern ernähren, doch die Wahrheit war, dass bisher kein Kind vermisst wurde. Aber vor dem Zorn des Drachens musste man sich in Acht nehmen. Ein Schlag seines riesigen Schwanzes konnte leicht ein Haus zerstören, ein Feuerstoß aus seinem Rachen Gebäude in Brand stecken. Nicht selten führte der Drache Felsbrocken mit sich, die

er mit seinen Klauen umklammert hielt und jederzeit herabwerfen konnte.
Alle wussten, dass das Untier in den Bergen in einer Höhle hauste, drüben auf der anderen Seite des Flusses. Niemand traute sich mehr hinüber und so war der alte Handelsweg, der zu den größeren Orten in der Nähe führte, seit Wochen verwaist, erinnerte sich Samuel. Kein Händler wagte es noch, die alte Route zu befahren, auf der man nach Cornwall gelangte. Für gewöhnlich versorgten sich die Menschen in der Gegend auf dem Markt von Backwood mit Gewürzen, Stoffen und anderen lebenswichtigen Gütern. Zu groß aber war nun die Angst der Händler, dem Drachen zu begegnen oder unter einem herabfallenden Felsbrocken den Tod zu finden. Die einzige Möglichkeit, Backwood zu erreichen, war der Weg über einen beschwerlichen Gebirgspfad, der einen Umweg von drei Tagen bedeutete und voller Gefahren war.
So war das Leben in und um Backwood entbehrungsreich geworden. Wo früher das Leben zwischen den Marktständen pulsierte, war heute gerade noch einmal in der Woche ein fahrender Händler anzutreffen, der seine Güter zu astronomischen Preisen feilbot.
Die Folge war, dass der Fährbetrieb eingestellt wurde. Niemand traute sich hinüber ans andere Ufer und deshalb war Samuel lange nicht mehr Fährmann gewesen.
Abermals zog der große Schatten über Samuel hinweg. Die Welt schien stillzustehen und ihm war, als verlöre er das Bewusstsein.

Apple **Allergy**

Er lag auf den alten, staubigen Bohlen. Ihm war, als hätte er geschlafen. Er wusste, er befand sich auf dem Speicher seines neuen Zuhauses in Nocklesford. Samuel hob den Kopf und sah den Fotoapparat seines Urgroßvaters. Sofort fiel ihm dieser seltsame Sog wieder ein, der von der Kamera ausgegangen war, ein Sog, der ihn wie in einen Strudel hineingezogen hatte.

allergy Allergie

Aber war das wirklich möglich? War das wirklich geschehen?

Und er hatte auch andere Bilder vor Augen. Da war dieser Aufenthalt in einer anderen Welt, einer Welt, in der es weniger Licht zu geben schien, in der alles wie mit einem grauen Schleier verhangen war. Ein dämmriges, beinahe dunkles Land. Darkland.

Samuel stand auf, klopfte sich den Staub von den Kleidern und sah an sich herab. Jetzt, da er seine Jeans sah, seine Schuhe und das T-Shirt, fiel ihm wieder ein, wie er in dieser anderen Welt an sich herabgesehen und sich über seine alte Hose, sein altes Hemd und seine Schuhe gewundert hatte. Und nun stand ihm auch der Kampf wieder vor Augen, genauso wie die Tatsache, dass er mit dem magischen Schwert über geheimnisvolle Kräfte verfügt hatte.

Jetzt war er wieder der alte Samuel, von schmaler Statur, eine willkommene Gelegenheit für eine kräftige Windböe, einen Menschen über die Straße zu wehen.

Samuel musterte den Fotoapparat und griff nach dem Drahtauslöser. Seine seltsamen Abenteuer in diesem fernen Land, dieser Traum, wenn es denn einer war, hatte begonnen, als er den Auslöser der Kamera betätigt hatte.

Der Auslöser öffnete die Blende eines Objektivs, so viel wusste er. Er sah sich das Objektiv genauer an und stellte fest, dass die Verschlusszeit auf eine Achtelsekunde eingestellt war. Intuitiv sah er auf seine Armbanduhr. Es war Viertel nach sieben am Abend. Wenn ihn nicht alles täuschte, dann waren seit seinem Ausflug in die rätselhafte Welt etwa drei Stunden vergangen. 24 Stunden hatte ein Tag. Konnte es sein, dass er bei einer Achtelsekunde Verschlusszeit ein Achtel eines Tages in der anderen Welt verbracht hatte?

home zu Hause

Samuel beschloss, diesen Gedanken bei einem nächsten Versuch zu erforschen. In diesem Augenblick hörte er seine Mutter rufen.

"Samuel! Are you **home**? Sam, where are you?"

"Here, Ma!" Er erschrak. Seine Stimme war längst nicht so kräftig und entschlossen wie die Stimme, mit der er eben noch in der anderen Welt zu den Rittern gesprochen hatte. Schnell warf er das schwarze Tuch über die Kamera und hastete die Treppe des Speichers hinunter.

Im Flur im Erdgeschoss traf er seine Mutter. Sie sah erschöpft aus; die Einkaufstüten hatte sie vor die Küchentür gestellt, um sich die Jacke auszuziehen.

"Hello, **darling**!", sagte sie zärtlich. "How was your afternoon?"

Samuel nickte stumm. "Nothing special", sagte er.

"What did you do?"

"I was in the attic."

"Is that all? Were you up in the attic **all** afternoon?" Seine Mutter machte zwei Schritte auf ihn zu und strich ihm liebevoll durchs Haar. "What were you doing up there?"

"Great-Grandpa's old camera ..." Samuel wusste nicht, was er sagen sollte. Seine Mutter hatte ja recht – der Speicher bot nicht viel Abwechslung. Es wäre allenfalls interessant, dort oben mit Freunden Verstecken zu spielen oder nachts mit Taschenlampen gruselige Schattenspiele zu veranstalten.

"**What on earth** were you doing all afternoon?", fragte seine Mutter erneut. "**Did you take** the camera **to pieces**, or what?"

Samuel zuckte mit den Schultern und rang nach einer Antwort.

Seine Mutter seufzte. "Come on, Sam. I know it's not easy being new here. But you'**ll soon feel** more at home. Tell me, what have you been doing?"

"Well ...", sagte Samuel. "If you really want to know, Lucas and I **were practising swordfighting**, but these three **other** boys started to **argue** with

darling Liebling
all den ganzen
what on earth was in aller Welt
did you take to pieces hast du auseinandergenommen
soon bald
will feel wirst dich fühlen
were practising haben geübt
swordfighting Schwertkampf
other anderen
argue streiten

us. So I used Lucas' sword **to get rid of** them. It wasn't easy, but I think it must be a **magic** sword because it seemed to give me **strength**."

Seine Mutter war jetzt mit dem Einkauf in der Küche verschwunden. Samuel hörte, wie sie die Kühlschranktür öffnete und das Rascheln der Tüten. Plötzlich lugte sie hinter der Küchentür hervor und grinste.

"That's the Sam I know", sagte sie. "What a great **imagination** you have. You've always liked telling stories, **ever since** you were small. Well, I **suppose** you'll find inspiration in a big old attic like that. Is this Lucas a friend of yours from school? You should invite him to come **by** so I can **meet** him."

to get rid of ... um ... loszuwerden
magic magisches
strength Stärke
imagination Fantasie
ever since seitdem
suppose nehme an
by vorbei
meet kennenlernen

"Okay", sagte Samuel.

"Are you hungry?"

"Yes", sagte Samuel. "I'm really hungry."

Er hatte eine schlaflose Nacht hinter sich. Bleischwer hatte er im Bett gelegen; ihm war, als forderte der Kampf in Darkland eine starke Erholungsphase ein. Und doch hatten die Ereignisse in dieser anderen Welt etwas von einem spannenden Traum, von dem man sich wünschte, er würde weitergehen. Keine Frage, er musste das Experiment mit dem Fotoapparat auf dem Speicher sobald wie möglich wiederholen.

Mit gemischten Gefühlen machte er sich auf den Weg zur Schule. Er war gespannt und ein wenig nervös zu sehen, wie es sein würde, auf Luke zu treffen. Und auf Scotty, Tom und Pete.

In der ersten Stunde hatten sie Mathe bei einer Mrs Augustin, die in schnellen, wirren Zeichnungen geometrische Figuren an die Tafel zauberte. Sie besaß nicht das geringste Talent, ihren Schülern das Wesen der Mathematik anschaulich näherzubringen, aber Samuel mochte sie. Wie eine besessene Künstlerin erweckte sie den Eindruck, als müsse sie sich bremsen, um nicht all ihr Wissen auf einmal vor der Klasse auszubreiten.

Scotty, Tom und Pete schienen noch zu schlafen; müde hingen sie auf ihren Stühlen. Aber Luke zwei Bänke vor Samuel rutschte nervös hin und her, als hätte er Angst.

In der kleinen Pause dann hatte Luke es eilig, aus dem Klassenzimmer zu kommen. Am besten mit Mrs Augustin gemeinsam, quasi in ihrem Schutz. Pech für ihn aber war, dass Mrs Augustin es noch eiliger hatte und er nicht schnell genug war. Kaum war sie aus dem Klassenzimmer, trat auch schon Pete in die Tür und baute sich vor Luke auf. Die ersten Mitschüler verdrückten sich auf den Pausenhof. Aber Samuel blieb, um Luke zur Seite stehen zu können, falls es wieder Ärger geben sollte. Doch er wusste, dass er keine Chance gegen die drei hatte, auch nicht mit Lukes Unterstützung. Auch wenn die Erinnerung an seinen siegreichen Schwertkampf noch sehr präsent war,

Samuels Oberarme in der realen Welt hier waren weit davon entfernt, die Muskeln zu zeigen, die er in Darkland gehabt hatte.
"Stay a **bit** longer", sagte Pete und stieß Luke zurück in den Klassenraum. "You're **such** a nice **guy**. We'd like to **spend** a bit more time with you."
"**Leave** me **alone**", gab Luke genervt zurück.
Als läge das Unheil wie eine giftige Wolke in der Luft, vor der man Reißaus nehmen musste, waren auch die letzten Mitschüler schleunigst in die Pause geeilt.
Zurück blieben nur Scotty, Pete, Tom, Luke und Samuel.
"You can go", wandte sich Pete an Samuel. "It's **break time**. Go and play outside with the others."
Er warf einen raschen Blick auf den Papierkorb, der gestern erst als Kopfschmuck für Luke hatte herhalten müssen. Anscheinend erweckte etwas darin seine Aufmerksamkeit. Mit einer schnellen Bewegung bückte er sich, griff hinein und brachte die unappetitlichen Überreste eines abgenagten Apfels zum Vorschein.
"Here's something to help you **build up** your strength", sagte er zu Luke.

bit bisschen
such so
guy Typ
spend verbringen
leave … alone lasst … in Ruhe
break (time) Pause
(to) build up aufzubauen

Tom hatte sein Handy schon gezückt, bereit aufzuzeichnen, wie sich Luke die Apfelreste einverleiben würde.
Pete machte einen Schritt auf Luke zu. "Eat it!" Seine Stimme hatte nun nicht mehr den leicht fröhlichen Tonfall, sondern klang ernst und unnachgiebig.

"Do **as you're told**", ergänzte Scotty. Er lehnte an einer der Schulbänke, die Arme vor der Brust verschränkt, und grinste überheblich.

"Luke's **allergic to** apples. You should know that." Samuel erschrak über seine Stimme. Er verspürte eine große Anspannung, seit er hier mit Luke im Klassenzimmer den dreien ausgeliefert war. Er musste wieder an den Schwertkampf denken. Vielleicht erwuchs daraus sein Mut? Er war wachsam, konzentriert und aufgeregt. Aber er war nicht ängstlich und das war ein sehr beruhigendes Gefühl.

"Eating an apple **would be** very dangerous for him", sagte er ruhig. "He could **even die**. I'm sure you don't want that, do you?"

Scotty, Pete und Tom wandten sich gleichzeitig zu ihm um. In ihren Gesichtern sah er ungläubiges Staunen.

"Allergic to *apples?*", entfuhr es Scotty. Er löste sich von der Schulbank und kam langsam auf Samuel zu, bis er ihm direkt gegenüberstand. "I've **never heard** of that **before**. But maybe there's **something else** nice and **tasty** in the bin that won't **kill** him. Let's **have a look, shall** we?"

Als Scotty sich jetzt daranmachte, den Papierkorb zu inspizieren, griff Samuel nach dem Zeigestab. Es war

as you're told was dir gesagt wird
allergic to allergisch gegen
would be wäre
even sogar
die sterben
have heard habe gehört
never before noch nie
something else sonst noch etwas
tasty schmackhaft
kill umbringen
have a look schauen
shall sollen

eine routinierte Bewegung und das Gefühl, etwas in der Hand zu haben, gab ihm eine noch größere Sicherheit. "If you want to give Luke something to eat, why don't you go to a **snack bar**?", sagte er ruhig. "You won't find a **snack** here in the classroom, I can tell you that."

Samuel war neben Scotty getreten. Der nahm ihn aus den Augenwinkeln wahr, sah den Zeigestab, den Samuel wie eine Waffe hielt, beinahe wie das Schwert am Tag zuvor. Pete und Tom ließen von Luke ab und stellten sich zu Scotty. Unruhig wippten sie auf ihren Fußballen, als fürchteten sie, übersehen zu werden.

snack bar Imbissstube
snack Imbiss
someone jemand
teach ... a lesson ... eine Lektion erteilen
pointer Zeigestab

"Looks like **someone** wants us to **teach** him a **lesson**. That **pointer** isn't going to help you against the three of us. Right, Scotty?"

Pause. Toms Blicke, immer noch auf Samuel gerichtet, waren kalt und starr.

"Scotty?", wiederholte er und wandte seinen Kopf Richtung Klassenzimmertür.

Aber es gab keinen Scotty mehr. Scotty war verschwunden. Raus aus dem Klassenzimmer, auf den Gang und in die Pause.

"Scotty?!", rief jetzt auch Pete. In seiner Stimme lag die gleiche Überraschung und Unsicherheit wie in Toms. Ohne ihren Anführer wirkten sie hilflos. Sie sahen sich an und wortlos beschlossen sie, Scotty zu folgen und ebenfalls aus dem Klassenzimmer zu verschwinden.

Luke, der die ganze Zeit über wie erstarrt gewesen war, atmete erleichtert auf. Mit einem seltsamen Glucksen, das wohl eine Art Lachen sein sollte, kehrte wieder Leben in ihn zurück.

thought dachte

"Cool!", sagte er, ging auf Samuel zu und hielt ihm die rechte Handfläche hin. "Apple allergy! Not bad."

Samuel erwiderte den Handschlag.

"Yes", sagte er. "I **thought** so. Well, I've never seen you eat an apple."

Salt and Spices

"I can't **stop thinking about** it."

Sie waren unterwegs in Nocklesford und gerade im *Bella Italia* gelandet, wo es das beste Eis im Ort gab. Luke wollte Samuel zu zwei Kugeln einladen, als Dank dafür, dass er ihm in der Schule geholfen hatte. Sie standen in der Schlange, die sich hier bei schönem Wetter regelmäßig bildete.

"It was **weird**", sagte Luke.

"What was?"

"Today, in school." Luke zuckte die Schultern. "Scotty **just disappeared**. Nothing like that has happened before. **Normally** they do whatever they want, **even if** someone tries to help me. Scotty's always ready for a **fight**. It was really weird."

Samuel klopfte Luke auf die Schulter und grinste. "Maybe he was afraid of me."

Luke sah Samuel von der Seite an und verzog keine Miene.

"Sorry, but you don't look like Vladimir Klitschko to me. Scotty never **runs away** from a fight. And there were three of them."

"Well", sagte Samuel, "maybe he's **learned his lesson**. Maybe the teach-

spices Gewürze
stop aufhören
thinking about ... über ... nachzudenken
weird seltsam
just einfach
disappeared ist verschwunden
normally normalerweise
even if selbst wenn
fight Prügelei
runs away läuft weg
has learned his lesson hat begriffen

ers **gave** him a **warning**. Or maybe his father **threatened to stop** his **pocket money**."

"I don't think so", antwortete Luke.

Luke hat recht, dachte Samuel. Es war schon seltsam, wie schnell die Situation vorhin im Klassenraum bereinigt gewesen war. Und dass Scotty mit einem Mal verschwunden war, kaum dass er den Zeigestab in den Händen gehabt hatte, darüber konnte man sich schon wundern.

Samuels Gedanken schweiften weiter ab.

Er musste an die Welt hinter dem Fotoapparat, an Darkland denken. An den Fluss, die Hütte, das Ufer, an Lucas und die drei Jungritter, die eine so erstaunliche Ähnlichkeit mit Scotty, Pete und Tom hatten und die er mit diesem sensationellen Schwert in die Flucht geschlagen hatte.

gave haben erteilt
warning Warnung
threatened hat gedroht
to stop nicht mehr zu geben
pocket money Taschengeld

Er merkte, dass er sich darauf freute, dieser Welt noch einmal einen Besuch abzustatten.

Es war eine geheimnisvolle Welt und in ihr verfügte er über wundersame Kräfte. Das wollte er bald wieder erleben.

Sie waren an der Reihe. Auf Empfehlung von Luke entschied sich Samuel für eine Kugel Schokoingwer und eine Kugel Milchminze. Luke nahm das Gleiche. Und er hatte recht. Die Qualität des Eises war erstaunlich. Schokoingwer, dieser Geschmack hatte was Exotisches.

"This ice cream is really great!", sagte Samuel. "You were right."
Sie schlenderten langsam durch die Straßen. Luke wollte Samuel einen Schleichweg nach Hause zeigen und führte ihn in eine schmale Gasse und dort zwischen zwei Häusern hindurch. Samuel hörte etwas hinter der Mauer eines kleinen Hinterhofs rascheln, entdeckte dort aber nur ein paar Mülltonnen. Wahrscheinlich war es eine Katze oder ein Hund.
Luke schleckte genussvoll sein Eis und sah auf seine Armbanduhr. "It's late", sagte er. "We have to do our homework."
Samuel nickte. "Yes."
Dann ging alles sehr schnell. Samuel verstand zunächst nicht, was passierte; er sah nur das Eis von Luke in einem hohen Bogen durch die Luft fliegen und eine schleimige dunkle Spur an der Häuserwand nach unten ziehen. Er hörte schnelle Schritte und sah zwei Gestalten durch die Hoftür verschwinden. Es herrschte völlige Stille.
"**What was that all about?**", fragte Samuel. Er hielt sich sein Eis vors Gesicht, als würde er in ein Mikrofon sprechen.
"**Shit**!", entfuhr es Luke. "They **took** my ice cream."
"Who?", fragte Samuel.
"I wasn't looking – it all happened so fast", sagte Luke. "But those two disappearing through the door look like Pete and Tom."

What was that all about? Was war das denn?
Shit! Scheiße!
took haben genommen

"They'll be sorry", zischte Samuel. "I'**ll make sure** they pay for it in Darkland."
"Darkland? What **are** you **talking** about?", fragte Luke.

Eine halbe Stunde später war Samuel zu Hause. Es war fünf Uhr am Nachmittag; seine Mutter war wieder beim Dienst. Samuels Zorn auf Scotty, Pete und Tom war groß, aber er verlagerte seine Rachgelüste auf Ethan, Liam und Finley. Er hatte Lust, seine Reise mit der Kamera zu wiederholen in der Hoffnung, in Darkland auf die drei unedlen Ritter zu stoßen. Er wusste zwar nicht, ob er nicht einem Hirngespinst aufsaß, aber ihm schwebte eine Art Experiment vor. Es war nur eine Idee, aber er wollte herausbekommen, ob es nicht vielleicht tatsächlich möglich wäre …

Konnte er das Leben in Nocklesford beeinflussen?

will make sure werde dafür sorgen
are talking redest

Er ging nach oben in den ersten Stock und von dort die steile Treppe in den Speicher hinauf. Voller Respekt betrachtete er den alten Fotoapparat seines Urgroßvaters wie ein Pilot sein Flugzeug kurz vor dem alles entscheidenden Einsatz.
Der Apparat stand dort, wie Samuel ihn verlassen hatte, in die Nähe der Dachluke gerückt, das schwarze Tuch wieder übergeworfen. Fast hatte Samuel das Gefühl, als würde er ihn erwarten.
Nur zögerlich gingen Samuel die Bewegungen von der Hand, mit denen er sich auf die erneute Reise nach

Darkland vorbereitete. Er kontrollierte den Verschluss des Objektivs, um sich zu vergewissern, ob es immer noch auf eine Achtelsekunde eingestellt war, dann spannte er ihn und trat von hinten an die Kamera. Er bückte sich, hielt sein Gesicht vor den Balgen, warf das schwarze Tuch über sich und tastete mit der rechten Hand nach dem Drahtauslöser auf der Vorderseite des Apparates.

Angespannt atmete er ein paar Mal tief durch, hielt dann die Luft an, als würde ihn der Strudel, den er erwartete, in ein tiefes, unheimliches Wasser ziehen.

Dann drückte er den Auslöser.

Innerhalb von wenigen Augenblicken fühlte er den beginnenden Schwindel. Der Boden unter seinen Füßen löste sich auf, er wurde in das Innere der Kamera gezogen, drehte sich, dann wurde es ihm schwarz vor Augen.

Er erwachte in einem einfachen Holzbett, das nicht groß genug für ihn war. Seine Füße stießen an die Pfosten. Er öffnete die Augen. Er lag in einem spärlich eingerichteten Zimmer, neben dem Bett gab es noch einen Schrank, einen Tisch und einen Stuhl. Über dem Stuhl hingen ein paar Kleidungsstücke. Samuel richtete sich auf, setzte die Füße auf den Boden und sah an sich herab. Er steckte in einem altertümlichen weißen Nachthemd, über das er augenblicklich schmunzeln musste. Nie im Leben würde er zu einem solchen Kleidungsstück greifen. Ein Nachthemd! Er wüsste nicht, wer von seinen Freunden so was je getragen hätte.

Das Zimmer war unter dem Dach, sein Fenster ging hinaus auf den Fluss, der im Dämmerlicht lag und lautlos an ihm vorbeizog. Er schlüpfte in seine Kleider, die ihm schon nicht mehr so ungewöhnlich vorkamen wie sein Nachthemd: Pluderhose, zerschlissenes Leinenhemd und Schuhe mit einem langen Riemen. Auch in diesem Aufzug wäre er in Nocklesford Zielscheibe des Gespötts. Bevor er jetzt sein Zimmer verließ, sah er noch einmal aus dem Fenster. Die Sonne stand als matt leuchtende Kugel über den Bergen.

Als er die Treppe hinunterkam, wurde ihm klar, dass es schon spät sein musste. Seine Mutter stand in der Küche und bereitete das Essen zu.

sleepyhead Schlafmütze
up aufgestanden
at last endlich
You deserved a lie-in. Du hast es verdient, auszuschlafen.
wood Holz
until bis
dark (Einbruch der) Dunkelheit

"Good morning, **sleepyhead**," sagte sie. "**Up at last**? Well, **you deserved a lie-in**. You worked really hard yesterday, stacking all that **wood until** after **dark**. Now we're ready for the winter."

"Good morning, Ma!", sagte Samuel, ging durch die Küche und trat nach draußen. Ein herrlicher Tag erwartete ihn. Es war mild, der Fluss murmelte gutmütig und in Ufernähe sah Samuel sogar ein paar Fische. Ein seltener Anblick, seitdem die Bewohner Backwoods ihren Fischfang so enorm erhöht hatten, um wenigstens etwas Nahrhaftes auf den Tisch zu bekommen.

Samuel wunderte sich, dass er an das nächtliche Holzstapeln keine Erinnerung hatte. Was geschah mit ihm, wenn er wieder zurück nach Nocklesford verschwand und dort auf dem Speicher erwachte? Lebte er hier einfach weiter? Existierte er zweimal – hier und in seiner Welt zu Hause?

"Lunch is **almost** ready!", hörte er hinter sich seine Mutter. "Nothing special, **I'm afraid**. Just potato and vegetable **stew**, and I do**n't** have **any** salt or spices."

Samuel drehte sich um, blieb in der Tür stehen und sah zu, wie seine Mutter zwei Teller auf den schlichten Holztisch stellte, zwei Tonbecher, eine Karaffe Wasser und zwei Blechlöffel.

"I **wish** they'd start using the old **trade route again**", fuhr sie fort. "**No one** has used our **ferry service for** weeks. They don't want to **cross** the river because they're all afraid of the monster. But how can we **go on**, if no one **dares** to **fight** it?"

almost fast
I'm afraid fürchte ich
stew Eintopf
not any kein
wish wünsche mir
trade route Handelsstraße
again wieder
no one keiner
ferry service Fährdienst
for seit
cross überqueren
go on weitermachen
dares es wagt
fight bekämpfen
than als
terrorize terrorisieren
free befreien
instead stattdessen

"Mother", antwortete Samuel, "the dragon is very dangerous. Of course they're all afraid of him."

"I know!", sagte seine Mutter. "But someone has to do something. There are all those knights up at the castle. But no – our masters have nothing better to do **than terrorize** their people. They should **free** us from this dragon **instead**!"

“Our knights are **much too** afraid!”, sagte Samuel. “We need someone much **braver** than that.”
Seine Mutter wandte ihm sorgenvoll ihr Gesicht zu. “**Perhaps** no one will be able to **defeat** the dragon. Perhaps we can **only hope** to **tame** him.”
Samuel drehte sich wieder um und sah über den Fluss. Der dicht wuchernde Bewuchs am anderen Ufer zog eine lange dunkelgrüne Linie zwischen dem fahl anmutenden Wasser und dem blau schimmernden Gestein der Gebirgskette, die sich nach einigen hundert Metern drüben erhob.
Es musste etwas geschehen, seine Mutter hatte recht. Dort oben in den Bergen lebte der Drache, der das Land in Angst und Schrecken versetzte. Und Samuel erinnerte sich jetzt auch an etwas anderes: Ethan, Liam und Finley waren es gewesen, die das Unheil über das Land gebracht hatten.
Der Drache war nicht immer ihr Feind gewesen. Vor etlichen Jahren hatte er sich die Höhle in den Bergen gesucht und sich nicht um die Menschen gekümmert. Ohne Bedenken konnten sie weiter den alten Handelsweg benutzen, der durch das Reich des Drachens führte. Bis zu dem Zeitpunkt, als Ethan, Liam und Finley beschlossen, sich mit dem fliegenden Riesen zu messen. Sie lauerten ihm auf und als er im Tiefflug über der Burg von Ethans Vater schwebte, verletzten sie ihn mit dem Geschoss einer Schleuder auf

much viel
too zu
braver mutiger
perhaps vielleicht
defeat besiegen
only nur
hope hoffen
tame bändigen

großen Rädern, die sie auf der Burg in Stellung gebracht hatten. Sie trafen das Tier unter dem Flügel, an seiner empfindlichsten Stelle, die nicht von einem schuppigen Panzer geschützt war.
Seit diesem Angriff war der Drache ein Feind der Menschen.
Ethan, Liam und Finley hatten Unglück über das Land gebracht.
Kam man dem Drachen in seinem Reich auf der anderen Seite des Flusses zu nahe, ließ er Felsbrocken wie riesige tödliche Murmeln fallen. War er gereizt, zog er über Backwood seine Kreise, warf einen dunklen Schatten oder, schlimmer noch, versetzte mit seinem Feueratem die Menschen in Angst und Schrecken.

would würdest
market Markt
a few ein paar
merchants Händler
have made haben gemacht
may have brought haben vielleicht mitgebracht
for cooking zum Kochen
cure pökeln

Samuel beschloss, nach Backwood zu gehen. Er wollte zu Lucas, nach dem magischen Schwert sehen, und er wollte die drei Jungritter zur Rede stellen, die mit ihrem Leichtsinn alle in Mitleidenschaft gezogen hatten.
Samuel setzte sich an den Tisch und überlegte, wie er sein Vorhaben seiner Mutter erklären sollte, als sie ihm mit einem Vorschlag zuvorkam.
"Samuel", sagte sie, "**would** you go to the **market** for me today? I heard that **a few merchants have made** the long journey to Backwood today – they **may have brought** spices with them. We need them **for cooking**, and we need salt to **cure** meat for winter."

"Of course I will!", entgegnete Samuel und griff nach dem Löffel. Keine Frage, seine Mutter hatte schon schmackhaftere Speisen auf den Tisch gebracht als diese Suppe. Aber wie sollte sie kochen ohne Salz?

The Dragon

Links von ihm war der Fluss. Der staubige Weg führte am Ufer entlang. Auf der gegenüberliegenden Seite wucherte dichtes Grün, im Hintergrund lagen die Berge, deren Gipfel sich hinter düsteren Wolken verbargen.
Kurz vor Backwood mündete der Weg in eine Straße, die mit groben Steinen befestigt war. Vor dem Ort schon standen die ersten Häuser. Eines davon gehörte dem Schmied, nahe am Fluss gelegen mit einem Garten, in dem Ziegen und Schafe weideten.
Die Schmiede von Lucas' Vater, die eigentliche Werkstatt, schloss sich direkt an der Rückseite des Hauses an, nicht viel mehr als ein Schuppen mit Holzwänden aus alten Brettern und einem Dach, das aussah, als könne es kaum einen kräftigeren Regen abhalten. Die Schmiede mochte einen erbärmlichen Eindruck machen, aber dass das Handwerk, dem Lucas' Vater darin nachging, als Kunst gelten musste, war unbestritten. Die besten Schwerter des Landes wurden hier geschmiedet. Auch eines, das in Samuels Händen zu einer Wunderwaffe wurde.
Schon von Weitem hörte Samuel das Hämmern. Er näherte sich dem Haus und ging durch den Garten gleich in die Werkstatt. Die Schmiede war zu einer Seite hin offen, so wurde sie gut belüftet und das machte die Arbeit über dem Feuer erträglicher. Als Samuel unter das Dach der Werkstatt trat, wandte sich ihm Lucas' Vater zu. Die rechte Hand umklammerte dabei fest den

Hammer und mit der linken hielt er eine große Zange mit einem glühenden Stück Eisen.

"Samuel! Good to see you. Lucas **has gone down** to the river to **fetch** water. Didn't you meet him on your **way**?"

"Hello, Mr Cunningham. No, I haven't seen him. But it's **all right**, I can wait."

Samuel sah Lucas' Vater zu, wie er das glühende Stück Eisen mit lärmenden Hammerschlägen bearbeitete. Dann machte er eine Pause und wischte sich mit dem Handrücken den Schweiß von der Stirn. Samuel spürte ein Verlangen in sich aufsteigen. Es stimmte, er war nicht nur wegen Lucas hier oder weil die Schmiede auf dem Weg nach Backwood lag. Er wollte noch einmal das Schwert in den Händen halten, mit dem er Ethan in die Flucht geschlagen hatte. Er hoffte, dass Lucas bald kommen würde und er ihn fragen könnte, doch da brachte Mr Cunningham selber das Gespräch auf das Schwert.

"Lucas **told** me that you really know how to handle the new sword", sagte er und lächelte. "He **said** it was almost like magic." In seinen Augen spiegelte sich der flackernde Schein des Feuers.

Samuel trat auf Mr Cunningham zu. "Yes, it really is a very special sword", antwortete er. "**When** I **held** it, it **felt as if** it was giving me magic **powers**!"

has gone down ist runtergegangen
fetch holen
way Weg
all right in Ordnung
told hat erzählt
said sagte
when als
held gehalten habe
felt hat sich angefühlt
as if als ob
powers Kräfte

Mr Cunningham nickte und legte das Werkzeug beiseite.
"Yes, there's something different about that sword", sagte er. "**As** I was making it, it was as if I was working on something very special. I **felt** a **glow** in my **heart**. I know that sounds strange, but that's how it was. As if the glow from the fire **was burning inside** me. Well, I wanted to make an extraordinary **weapon**, and it seems that I **did**."
Mr Cunningham ging nach hinten in seine Werkstatt und holte hinter einem Stapel alten Eisens das Schwert hervor. Samuel durchlief ein Schauder, als er das Funkeln der Klinge sah.
"Yes, there's **certainly** something about this sword", fuhr Lucas' Vater fort. "As I said, I **had** the **feeling** that this one would be different. I like to try out new ideas, you know that. I'm always looking for ways to make things **even** better. The weapons I make are always good, but they're not **unusual**. But this one … You know what, Samuel?"
Mr Cunningham kam ihm mit der Waffe ganz nahe und Samuel spürte plötzlich, wie sein Herz zu rasen begann. Zaghaft schüttelte er den Kopf.
"I believe that this sword is only extraordinary in your hands. **Neither** Lucas **nor** I felt any magic powers when

as während
felt spürte
glow Glühen
heart Herz
was burning brannte
inside in
weapon Waffe
did habe es getan
certainly ganz sicher
had hatte
feeling Gefühl
even noch
unusual ungewöhnlich
neither … nor weder … noch

we tried it. This sword was made for you. I think you should take it."

Samuel war sprachlos. Er wusste nicht, was er sagen sollte, und brachte nur ein "But Mr Cunningham ..." heraus.

Was der Schmied ihm vorschlug, übertraf seine kühnsten Erwartungen. Es sollte tatsächlich sein Schwert sein?

"It's not that I want you to be a **warrior**", sagte Mr Cunningham. "That's not you at all. But you're an **honest** boy who **stands up for** what he believes in. You're brave, and your heart is **in the right place**. That's what the world needs at times like these. Lucas **speaks very highly** of you, and of how you handled the sword in the fight with Ethan and the others. I think it will help him too if you keep it."

"Mr Cunningham ...", stammelte Samuel noch einmal.

"I really believe that this sword has a **purpose**: to bring **justice** at your hand. Here – take it. It is your sword. But I ask you to use it only **in the pursuit of peace**."

Samuel nahm die Waffe voller Ehrfurcht entgegen. Ein wohliges Gefühl der Wärme durchströmte ihn, als seine Hand das Schwert berührte, wie ein Schuss Energie, der aus seinem tiefsten Inneren kam und auf die Waffe überzugehen schien.

warrior Krieger
honest ehrlicher
stands up for einsteht für
in the right place am rechten Fleck
speaks very highly spricht in den höchsten Tönen
purpose Aufgabe
justice Gerechtigkeit
in the pursuit of im Streben nach
peace Frieden

Es sollte tatsächlich sein Schwert sein! Samuel konnte es immer noch nicht glauben.
In diesem Augenblick kam Lucas mit dem Eimer Wasser vom Fluss in die Schmiede.
"Hello, Samuel!", rief er, sah das Schwert in den Händen seines Freundes, blieb stehen und stellte den Eimer ab.
"I can't believe it", sagte Samuel. "Your father has given me the sword. He says I should keep it."

the same dasselbe
envy beneide
chosen one Auserwählte
piece Stück
metal Metall
sheath Scheide
honoured geehrt

"He's right", sagte Lucas. "It's seems that it's only in your hands that the sword has magic powers. Believe me, I wish it would do **the same** for me! I **envy** you. But you are the **chosen one** for this weapon. In my hands it's just a **piece** of heavy **metal**. It knows that it's your sword."
"Here!" Lucas' Vater ging erneut nach hinten und kehrte mit einem länglichen Gegenstand zurück. "I've got a **sheath** for you. It's made for this sword, so you can carry it easily."
Samuel wusste nicht, wie ihm geschah. Er war glücklich, glücklich wie noch nie in seinem Leben. Stolz legte er den Gürtel mit der Scheide um und schob dann das Schwert hinein. Mit Wohlbehagen spürte er das Gewicht an seiner Linken. Er fühlte sich stark und wehrhaft. So ähnlich müssen sich Ritter in ihrer Rüstung fühlen, schoss es ihm durch den Kopf.
"Mr Cunningham", brachte er nun zögernd hervor, "I don't know what to say. I … I will be **honoured** to carry

the sword. And I **promise** I will only use its power for good."

Lucas' Vater lächelte und nickte. "I'm sure of that!", sagte er. Dann wandte er sich wieder dem Amboss zu. "I have to go back to **work**. Lucas, give me that bucket of water, would you? You can go and spend **some** time with Samuel."

Lucas trug den Eimer Wasser zu seinem Vater, dann trat er mit Samuel vor die Schmiede.

"What do you want to do?", fragte er. "Shall we practise swordfighting?"

Samuel blickte über den Fluss und sah, dass sich die Gipfel der Berge immer noch in Wolken hüllten, während sich über dem dichten grünen Wald die Sonne mühte, ihre Strahlen durch den dunstigen Schleier zu schicken. Samuel wandte den Blick flussaufwärts, wo nicht weit von der Schmiede Backwood lag.

"I have to go to the market", sagte er. "My mother heard that a merchant **has come** with spices, and they're very **hard** to get **nowadays**. We need salt, and some pepper, too."

"Oh yes, spices!" Lucas seufzte. "My mother **was complaining** that she **had run out**. I wish the old trade route was open again."

"Yes", sagte Samuel. "It's been much too long. Perhaps we should do something about it? What do you think?"

promise verspreche
work Arbeit
some etwas
has come gekommen ist
hard schwer
nowadays heutzutage
was complaining beschwerte sich
had run out keine mehr hatte

Bei seinen Worten klopfte er auf den Griff des Schwertes. “It would be interesting **to find out exactly** what magic powers this sword **possesses**. Do you think it could make me **strong** enough to fight a dragon?”
Lucas sah Samuel zweifelnd an und runzelte die Stirn. “I don’t know!”, antwortete er zögernd. “It’s **true** that the sword can do a lot in your hands, but perhaps that’s a bit too much to hope for.”
Samuel lachte, schlug Lucas freundschaftlich auf die Schulter und sagte: “Come on, let’s go to the market. I don’t want to **get there** too late and find there’s nothing **left**.”
Sie gingen auf der großen Straße, die bald durch das Tor durch die Stadtmauer führte. Links lag immer noch der Fluss und hinter einer Hügelkette sah man nun die Burg mit ihren dicken Mauern und Türmen.

to find out herauszufinden
exactly genau
possesses besitzt
strong stark
is true stimmt
get there dort ankommen
left übrig

Kaum hatten Lucas und Samuel die Stadtmauer passiert, befanden sie sich inmitten des geschäftigen Treibens von Backwood. Von Menschen gezogene Karren holperten lärmend über das Kopfsteinpflaster, Kinder sprangen auf den Gassen umher und spielten Fangen und schon von Weitem drangen die Rufe von Marktschreiern zu ihnen.
Zwar war es ungewöhnlich, dass ein Junge wie Samuel mit einem Schwert durch die Straßen ging, doch in Zeiten wie diesen waren die Menschen über den An-

blick wenig verwundert. Samuel glaubte aber zu bemerken, dass man ihn bewusster, mit ein wenig mehr Respekt wahrnahm.
Der Markt war gut besucht. Auch wenn das Angebot eher dürftig war, die Bauern aus der Umgebung brachten doch in die Stadt, was der Boden ringsum hergab. Samuel und Lucas drängten sich durch die Menschen. Der Wagen, um den sich eine dichte Traube gebildet hatte, war auch Samuels Ziel: der Stand eines Gewürzhändlers, der einen weiten Umweg auf sich genommen hatte, um seine Waren anzubieten, von denen er wusste, dass sie hier wie Schätze gehandelt wurden.
"Here, this is the spice merchant", sagte Samuel und fühlte in seiner Hosentasche nach dem Säckchen mit den Münzen, das er von seiner Mutter bekommen hatte. "I'll have to wait. If you want, you can go for a walk and come back later."
"No, I'm staying with you!" Lucas winkte ab und zuckte gleichzeitig mit den Schultern. "I'm your **bodyguard, in case** someone tries to steal the spices from you."
Samuel musste nicht lange warten, es ging zügig voran. Die Warteschlange löste sich rasch auf und als Samuel an der Reihe war, wusste er auch, weshalb. Die Gewürze, die der Händler im Angebot hatte, waren so gut wie unbezahlbar. Einen Nickel für ein kleines Säckchen Salz! Das war bei Weitem zu viel!
Die Kundin vor Samuel ging erbost schimpfend ihres Weges.

bodyguard
Leibwächter
in case
für den Fall, dass

Samuel fuhr ein Schreck in die Glieder. Der Händler vor ihm erinnerte ihn an jemanden. Aber er wusste nicht, an wen. Doch es gab da jemanden, den er kannte, der ganz ähnlich aussah.
"Are you dreaming, boy? Come on – tell me what you want, and **don't get in everyone's way**!"
Samuel zögerte und der Händler wurde noch ungeduldiger.
"What's the matter? Can't **get** the words **out**? **Has** that big sword of yours **cut off** your **tongue**, perhaps? Or **have** you **swallowed** the words? I suggest you take off the sword. Perhaps that would help. It looks much too heavy for you. Eh? **Speak up!** What do you want? Or don't you want to say? Do you need someone to do your shopping for you?"
"I would like some salt", sagte Samuel ganz ruhig. "One **bag**."
"A bag of salt. That's two nickels."
Der Händler reichte ihm ein kleines Säckchen und hielt ihm erwartungsvoll die offene Hand hin.
"What?!" Samuel erschrak. "Two nickels? **A minute ago** it was just one, and that was **already** too much."
"Well, now I**'ve sold** some, so I don't have as much. It's a question of **supply** and **demand**. Give me two nickels, or get out of here."

Don't get in everyone's way. Steh nicht allen im Weg.
get out rausbekommen
has cut off hat abgeschnitten
tongue Zunge
have swallowed hast verschluckt
Speak up! Heraus mit der Sprache!
bag Säckchen
a minute ago vor einer Minute
already schon
have sold habe verkauft
supply Vorrat
demand Nachfrage

"You **swindler**!", sagte Samuel zornig. Er warf dem Mann einen Nickel hin. "You're a **cheat**. Someone should **lock** you **up**!" Wut stieg in ihm auf. "You're making money out of people's **suffering**. We don't need someone like you here. Cheat! Swindler!"
Lucas hatte sofort erfasst, dass es brenzlig zu werden drohte, und versuchte, Samuel vom Wagen des Händlers wegzuziehen.
"Samuel, come away. **Don't get** angry."
Doch der Zorn des Händlers war schon entfacht.
"What are you talking about, you **runt**? Me, a cheat? You think that just because you have that sword you can say **anything** you like? Get out of here! **Let** the people with more money than you come and buy my spices."
Samuel wollte diese Unverschämtheit nicht auf sich beruhen lassen, aber Lucas zog an ihm wie an einem Maulesel.
"Come on, Samuel, let's go!", sagte er. "He isn't **worth** a fight."
"But he **insulted** me! I should give him a **taste** of my sword. Lucas, let me go!"
"There's no point in making **trouble**, Samuel. Come on!"

swindler Schwindler
cheat Betrüger
lock up einsperren
suffering Leiden
don't get werd nicht
runt Wicht
anything alles, was
let lass
worth wert
insulted hat beleidigt
taste Kostprobe
trouble Ärger

Lucas blieb hartnäckig und zog Samuel weg von dem Gewürzhändler. Sie waren gerade am Rand des Marktplatzes angelangt und wollten Backwood durch eine der

Gassen verlassen, als plötzlich eine Fanfare erklang und das Geplapper, das Rufen und Schreien auf dem Platz schlagartig erloschen.

"People of Backwood! Hear what His **Majesty** has to say to you!"

Samuel wandte seinen Blick in die Richtung, aus der die Worte kamen, und sah einen Mann hoch zu Ross, von zwei Rittern des Fürsten flankiert.

"His Majesty **is offering** a **reward** to **anyone** who can defeat the dragon that **has blocked** the old trade route **for** weeks. The reward is one thousand gold sovereigns and a **fertile** field next to the castle, where the **winner** will be able to **grow** whatever he wishes. His Majesty will pay the reward when the dragon is defeated and the trade route can be used again without **danger**."

Majesty Majestät
is offering setzt aus
reward Belohnung
anyone jeden
has blocked versperrt hat
for seit
fertile fruchtbares
winner Gewinner
grow anbauen
danger Gefahr
generous großzügige

Der Mann, der die Worte des Fürsten verkündet hatte, verständigte sich mit einem bedeutungsvollen Blick mit den beiden Soldaten an seiner Seite und so schnell, wie sie gekommen waren, verschwanden sie auch schon wieder.

"Did you hear?", staunte Samuel. "One thousand sovereigns, and a fertile field! It's a very **generous** reward."

"Yes!", sagte Lucas und lachte geringschätzig. "And how easy it is for the king to promise so much. I tell you, no one will be able to defeat this dragon."

Samuel wollte gerade erwidern, dass sie beide es doch versuchen könnten, als erneut Bewegung in die Menge kam.
"Someone **has stolen** a bag of salt from me!", hörte er den Händler schreien, mit dem er in Streit geraten war. "It was that boy **over there**, the one with the sword that's too big for him. There he is! Stop him!"

has stolen hat gestohlen
over there da drüben
common gemeiner
thief Dieb
grab schnappt
are accusing beschuldigen
liar Lügner

Und als verfügte er über magische Kräfte, die es ihm ermöglichten, mit einer Handbewegung Hilfe herbeizuzaubern, waren Samuel und Lucas plötzlich von drei Gestalten umringt – von Ethan, Liam und Finley. Sie trugen ihre Kettenhemden und am Gürtel ihre Schwerter.
"Oh, look who it is", hörte Samuel Ethan hochmütig sagen. "That boy again. So he's just a **common thief**, is he?"
Im Nu gestellte sich auch der Händler zu ihnen.
"**Grab** him!", schrie er und zeigte auf Samuel.
Immer mehr Schaulustige traten hinzu und Samuel hatte kaum Platz für seinen rettenden Ausfallschritt. Den aber brauchte er, um seine Waffe aus der Scheide zu ziehen, ohne jemanden zu verletzen. Schon blitzte die blank polierte Klinge seines Schwertes vor seinen Augen.
"You**'re accusing** me of stealing from you? You **liar**! How dare you!" Einmal mehr erschrak Samuel über seine Stimme.
Seine Geste zeigte Wirkung. Als Erstes traten Liam

und Finley einen kleinen Schritt zurück. Ethan zückte zwar seine Waffe, hielt aber in der Bewegung inne.
Er schwieg, dann nickte er kaum merklich. In seinen Augen stand nach wie vor ein hochnäsiger Ausdruck.
“We are not going to fight you here, with so **many** people around. Someone **might get hurt**.”
Der Gewürzhändler wollte sich damit nicht zufrieden geben.
“Stop this thief!”, schrie er hitzig, riss Ethan das Schwert aus der Hand und ging auf Samuel los.
Den kostete es nicht die geringste Mühe, den Angriff zu parieren und den Händler mit zwei schnellen Bewegungen zu entwaffnen.
Der mochte ein Schlitzohr sein, aber als Schwertkämpfer war er eine Niete. Zitternd und mit leeren Händen stand er da.
“I am not a thief!”, rief Samuel. Seine Worte waren nicht nur an den Händler gerichtet, sein Blick schweifte über die Menschenmenge, die sich um sie versammelt hatte. “But this merchant is a swindler. He's **taking advantage** of the **fact** that the trade route is blocked, and is selling his spices for **far** too much money. It has to stop. And it will. You'll see.”
Er hatte einen Entschluss gefasst.
Ja, er wollte Darkland von dem Drachen befreien.
Samuel konnte gerade noch beobachten, wie der Händler sich unsicher zurückzog, die drei Jungritter sich ab-

many vielen
might get hurt könnte verletzt werden
is taking advantage nutzt aus
fact Tatsache
far viel

wandten und die Menschenmenge sich aufzulösen begann, da bemerkte er den kühlen Schatten, der sich über den Marktplatz legte.
Ein Pfeifen, ein Sausen, ein unheimlicher, eisiger Schauer. Die Menge stob auseinander.
Der Drache!
Ein Feuerstoß, begleitet von Fauchen und Zischen. Der Drache kreiste in unruhigem Flug über Backwood, einen Felsbrocken in seinen Klauen. Tiefer und tiefer stieß er hinab. Sein mächtiger Schwanz bewegte sich, als würde er die Flugbahn steuern.
Samuel sah, wie sich der Stein aus den Klauen löste und wie ein Geschoss auf die Erde niederschlug. Ein lautes Krachen und ein Dach barst unter der Wucht des Aufpralls.
Samuel wollte die Flucht ergreifen, da senkte sich ein schwarzer Schleier über seine Augen.

Back Again

Diesmal blieb er nicht lange auf dem Boden des Speichers und erfasste schnell, was geschehen war. Er wusste, dass seine Zeit in Darkland abgelaufen und er wieder in der Gegenwart gelandet war.

Aber was geschah in diesem Augenblick in der anderen Welt? Würde der Drache Backwood verheeren? Was war mit Lucas?

Er musste so bald wie möglich zurück.

Samuel merkte, dass ihm das Herz vor Aufregung bis in den Hals schlug. Seine Hände waren zu Fäusten geballt, so als wäre er noch in Darkland und bereit für einen Kampf – mit dem Drachen, dem Händler oder den drei Rittern. Er stand auf und klopfte sich den Staub aus den Kleidern, verharrte für Sekunden wortlos und lauschte nach unten. Er hörte Schritte im Flur, ein Türenschlagen und gleich darauf die Stimme seiner Mutter.

"Samuel!"

Was sollte er tun? Er musste zurück nach Darkland. Aber er wusste auch, dass er jetzt nicht ohne Erklärungen für Stunden verschwinden konnte. Seine Mutter suchte ihn. Er blickte auf seine Armbanduhr. Es war acht Uhr abends.

"Samuel! Are you upstairs?"

Mit schnellen Schritten verließ er den Speicher und schloss die Tür hinter sich, bevor er ins Erdgeschoss hinunterging.

Seine Mutter gab ihm einen Kuss. "Were you in the attic again?", wollte sie wissen. "You like it up there, **don't you? Have** you **done** your homework? Are you hungry?"
"Yes", antwortete Samuel. "I've done my homework."
Er spürte plötzlich eine große Müdigkeit; er konnte einfach nicht gleich wieder nach Darkland zurückkehren. Es war unmöglich. Er ging in sein Zimmer, legte sich ins Bett und schlief auf der Stelle ein.

Samuel war spät dran. Bleischwer hatte er die Nacht in seinem Bett verbracht. Es war, als würden ihn die Abenteuer in Darkland mehr Energie kosten, als es den Anschein hatte.
Er hatte verschlafen, genauso wie seine Mutter, über die schon seit einigen Tagen unkontrolliert die Müdigkeit hereinbrach wegen ihrer langen Arbeitstage.
Es waren nur fünf Minuten, die Samuel zu spät kam, dennoch spürte er, dass er aufgeregt war. Er musste das Klassenzimmer betreten, in dem Mr Peterson bereits unterrichtete. Zu Mr Peterson kam man nicht zu spät. Und falls doch, verlangte er ein Morgengedicht, dass der Verspätete zum Besten geben musste. Und zwar nicht irgendein Gedicht, sondern einen Zungenbrecher. Samuel legte sich schon mal sein schönstes 'Th' zurecht, als er die Klinke der Klassentür hinunterdrückte.
Es kam, wie es kommen musste.

don't you? nicht wahr?
have done hast gemacht

"Aha! Who have we here?", sagte Mr Peterson und es schwang unüberhörbar Schadenfreude in seiner Stimme. "Can you **recite** a **poem** for us? No? **Never mind**, I've got one for you ... Theodore Thrustle **threw** thirty-three **thimbles** into a **thicket** of thistle sticks. Oh, but wait a **second** – give us all time to open our umbrellas **first**."

Alle lachten. Doch dann geschah etwas Ungewöhnliches.

Samuel blieb wie angewurzelt an der Tür stehen. Er konnte nicht anders, er starrte Mr Peterson an. Der erwiderte den Blick und normalerweise wäre das der Augenblick für einen spöttischen Kommentar gewesen. Samuel schoss die Erinnerung an die Geschehnisse auf dem Marktplatz von Backwood durch den Kopf. Und er bemerkte eine seltsame Veränderung, die mit Mr Peterson vorging. Er erschien ihm unsicher, nicht so spöttisch wie eben noch.

recite aufsagen
poem Gedicht
Never mind. Macht nichts.
threw hat geworfen
thimbles Fingerhüte
thicket Dickicht
second Sekunde
first zuerst

Und plötzlich wusste Samuel, an wen ihn der Gewürzhändler in Darkland erinnert hatte.

"Hm – we don't have time for this now. Let's go on with the lesson. Hurry up and sit down", sagte Mr Peterson rasch und drehte sich zur Tafel um.

Auf die Doppelstunde Englisch folgte die kleine Pause. Wieder gelang es Scotty, Pete und Tom, Luke in der Klasse festzuhalten, als alle hinausströmten. Auch Samuel hatte sich auf den Flur begeben und insgeheim

auf diese Situation gehofft. Genau in dem Augenblick, in dem sich die drei Luke vorknöpften, betrat er wieder die Klasse und wurde Zeuge, wie Scotty Luke in den Schwitzkasten nahm, während Pete das Handy gezückt hatte und Tom ihm die Hose herunterziehen wollte.
Samuel sprang hinzu, baute sich vor Scotty auf und zischte: "**What the hell** do you think you're doing? Let Luke go **right now**, or I'm telling you, there'll be trouble! Or perhaps you want to give him the money for a large ice cream? Because of course you **owe** him that, too."
Sie ließen sofort von Luke ab. Tom und Pete verschwanden aus dem Klassenzimmer; Scotty wollte noch etwas erwidern, doch die großen Worte blieben aus. Er holte tief Luft, aber das war es auch schon. Auch er verdrückte sich auf den Schulhof.
Samuel grinste Luke an.
"Tell me", stammelte der verdutzt. "What's … what's going on? Do you have magic powers or something?"

what the hell was zum Teufel
right now jetzt sofort
owe schuldest

Seine Mutter war nicht zu Haus und das war Samuel nur recht. Er hatte es eilig, auf den Speicher zu kommen. Hastig hatte er das Essen hinuntergeschlungen, das seine Mutter für ihn vorbereitet hatte. Wie gut, dass es die Mikrowelle gab. Schnell war er satt und bereit für den nächsten Ausflug nach Darkland.
Als Samuel die Augen aufschlug, schaukelte alles um ihn herum. Aber er lag nicht in der Hängematte, das merkte

er gleich. Über ihm spannte sich der Himmel in einem endlosen, diffusen graublauen Schleier, neben sich erkannte er Holzwände. Es dauerte ein paar Augenblicke, bis er begriff, dass er im kleinen Fährboot lag.
Samuel folgerte daraus, dass bei seiner Rückkehr die Ereignisse nicht unmittelbar an das anschlossen, was gerade geschehen war, als er Darkland verlassen hatte. Das Schaukeln des Bootes auf dem Wasser war überaus angenehm. Wohltuend. Die Müdigkeit steckte ihm noch in den Gliedern. Dass er in dem Boot erwachte, kam Samuel seltsam vor, fast wie ein Hinweis, eine Art Zeichen. Denn augenblicklich erinnerte er sich an das, was auf dem Marktplatz verlesen worden war. Der Reiter des Fürsten hatte verkündet, dass eine hohe Belohnung ausgesetzt war für den, dem es gelingen würde, den Drachen zu besiegen.
Und Samuel erinnerte sich an den Entschluss, den er gefasst hatte.
Ja, er wollte derjenige sein, der den Drachen besiegte. Er wollte den Menschen ihre Angst nehmen. Und Samuel hatte nun die Gewissheit, dass sein Handeln in Darkland nicht ohne Einfluss auf die Ereignisse in seiner Welt in der Gegenwart blieb.
Sein Schwert lag neben ihm. Er richtete sich auf, balancierte sich im Boot aus, schob das Schwert in die Scheide und kletterte auf den Steg. Seine Mutter sah er im Gemüsebeet über die Kräuter gebeugt, die in ihrem Garten wuchsen. Samuels Schritte schlurften über das Holz des Steges. Sie richtete sich auf, stützte mit ihren

Händen seufzend ihren Rücken und schüttelte amüsiert den Kopf.
"Here comes my young warrior."

protects beschützt
take good care of ... pass gut auf ... auf
smithy Schmiede
destroyed zerstört
pulled down hat niedergerissen
while während
away fort

Sie blieb aufgerichtet stehen und beobachtete, wie er näher kam.
"Samuel, are you going to wear that sword all the time now?"
"Yes", antwortete Samuel. "The sword **protects** me. It makes me strong."
"Then **take good care of** it, and I hope it will take good care of you."
"It will!", sagte er.
Wenig später war Samuel auf dem Weg zur Schmiede, um mit Lucas zu sprechen. Doch als er bei den Cunninghams eintraf, erschrak er. Dort, wo eigentlich die Holzwand der Schmiede stehen müsste, war gähnende Leere. Die Wände waren verschwunden, die Bretter lagen kreuz und quer auf dem Boden. Der Amboss war umgestürzt, alles Werkzeug und Metall überall im Garten verstreut.
Lucas und sein Vater saßen auf einer Holzbank und ließen die Köpfe hängen.
"What happened?", fragte Samuel.
Die beiden sahen auf. In ihren Gesichtern stand Verzweiflung.
"The **smithy** has been **destroyed**!", sagte Lucas.
"Someone **pulled** it **down while** we were **away**", sagte sein Vater. "As you can see, they left it in pieces."

"It must have been Ethan, Finley and Liam. I'm sure of it", fügte Lucas müde hinzu. "I think they were looking for your sword, or one like it."
"What now?", fragte Samuel. "Did **anyone** see them? What can we do? Shall I go and **have a word with** them?"
Lucas' Vater winkte ab. "There's no point!", sagte er. "It'll only cause more trouble."
"But you can't just let them **get away with it**. You have to do something. They'll pay for this, I promise you."
Samuel sah Lucas forschend an. Mr Cunningham senkte den Blick, doch Lucas –
"Yes, they will", sagte er entschlossen. "They will, I **swear** it."
"That's what I wanted to hear", sagte Samuel. "And there's something else I need your **help** with."
"My help? With what?"
"I'm going to make sure that the old trade route is opened again. I'm going to defeat the dragon and free us all. But I need your help to do it."
"Samuel!" Lucas schüttelte den Kopf. "**Have** you **gone mad**? How are you going to do that? I know that the sword gives you a **kind** of **magical** strength, but do you really believe that it's enough for you to fight an angry dragon? And how do you want me to help you? Do you want to use me as **bait**, or what?"

anyone irgendwer
have a word with ... ein Wörtchen mit ... reden
get away with it ungestraft davonkommen
swear schwöre
help Hilfe
have gone mad bist verrückt geworden
kind Art
magical magische
bait Köder

"Someone has to try", erwiderte Samuel mit fester Stimme. "We can't go on like this. Someone has to stop Ethan and the others. Someone has to fight the dragon. And that someone is going to be me. With your help, I hope."
"We **don't stand a chance**", flüsterte Lucas. "How can we fight a **beast** like that?"
"We can't wait any longer. People here have been living in **fear** for weeks now. Winter is coming, and if the trade route stays closed there'll soon be almost nothing to eat. We have to try."

don't stand a chance haben keine Chance
beast Untier
fear Angst
only einziger

Lucas sah zu seinem Vater. "What do you think?", fragte er.
Sein Vater wiegte den Kopf. Voller Verzweiflung schaute er auf und ließ den Blick über die Überreste seiner Werkstatt schweifen. Dann sah er Lucas in die Augen. "Be careful", sagte er. "You're my **only** son. But I believe in you. In you, and Samuel, and the sword."
Und sie begannen, die Schmiede wieder aufzubauen.

On the River

Der nächste Schultag verging wie im Flug. Scotty, Pete und Tom nervten zwar wie immer, hielten sich aber Luke gegenüber erstaunlich zurück.
Kein Handyfilmen, keine Tätlichkeiten, lediglich ein paar dumme Bemerkungen, aber das war normaler Schulalltag. Auch Mr Peterson schien sich in Zurückhaltung zu üben.
Samuels Gedanken kreisten um seinen nächsten Aufenthalt in Darkland. Immerhin hatte er Lucas doch noch dafür gewinnen können, mit ihm auf dem kleinen Fährboot über den Fluss zu setzen. Zumindest in die Nähe des Drachens wollte Samuel sich vorwagen, um sich ein genaueres Bild von dem Ungeheuer zu machen. Vielleicht, hoffte er im Stillen, hätte er dann eine Idee, wie er den Drachen besiegen könnte.

get holen

Als Samuel nach der Schule mit Luke nach Hause ging, musste er an sich halten, um sich nicht mit ihm für den Nachmittag am Steg zu verabreden. Luke aus Nocklesford war nicht Lucas aus Darkland, das wusste Samuel, obwohl er sehr viel Ähnlichkeit mit ihm hatte.
"Do you want to **get** some ice cream this afternoon, or maybe play some football?", fragte Luke. "What do you think?"
"Hm", entgegnete Samuel zögernd. "I'd like to, but I don't think I'll have time. I promised my mother that

I'd tidy up the house. There are still so many **cardboard boxes lying around** from the **move**."

"I could help you, if you like."

"Oh – thanks, but it's all family stuff – I think I'd better **sort** it **out myself**. We could do something together tomorrow."

Luke sah enttäuscht aus. "Okay, let's do that then", sagte er.

Samuel erwachte in der Hängematte. Er fühlte sich gut und erholt. Die Anspannung aber war geblieben. Und er hatte großen Hunger. Vermutlich hing das damit zusammen, dass er in Nocklesford in der Eile vergessen hatte, seine Brötchen zu essen.

cardboard boxes Kartons
lying around herumliegend
move Umzug
sort out aufräumen
myself selbst

Er sprang ins Gras. Gegen Mittag wollte er sich mit Lucas am Steg treffen, so hatten sie es ausgemacht. Sein Schwert lag neben ihm auf dem Boden. Er hob es auf und schob es in die Scheide. Samuel fühlte sich frisch und bei Kräften. Vielleicht kam ihm zugute, dass er in der Schule keinen Stress gehabt hatte, vielleicht auch, dass es bei seinem letzten Aufenthalt in Darkland weder mit den drei Rittern noch mit dem Händler eine Auseinandersetzung gegeben hatte. Ja – er war bereit für eine große Tat.

Seine Mutter war nicht da. Samuel glaubte sich zu erinnern, dass sie bei seinem letzten Aufenthalt erwähnt hatte, sie wolle ihre Schwester in Backwood besuchen.

Das war gut so, dachte Samuel. Obwohl sie große Stücke auf ihren Sohn hielt, musste sie nichts von der Überfahrt wissen. Und ja, sie wollte, dass man etwas gegen den Drachen unternahm, aber dass ausgerechnet ihr Sohn das tat, würde ihr nicht gefallen.

Am Steg angekommen, vernahm er das vertraute Murmeln und Rauschen des Flusses. Die Zeit, bis Lucas kommen würde, wollte Samuel dafür nutzen, das kleine Boot genauer unter die Lupe zu nehmen. Seit die Fähren nicht mehr in Betrieb waren, machte er das ohnehin einmal pro Woche. Er prüfte sowohl das kleine Fährboot wie auch das große, auf dem man ein Fuhrwerk und einen Esel transportieren konnte. Nur für den Fall der Fälle. Und er kontrollierte die Taue, mit denen sie an dem Seil befestigt waren, das über den Fluss führte. Er nahm die Rollen in Augenschein und die Ruder. Das Prinzip der Fähre war einfach: Das Boot war mit Seil und Rollen an einem anderen, stärkeren Seil befestigt, das über den Fluss gespannt war. Durch Einschlagen des Steuerruders trieb man an dem Seil mit der Strömung über den Fluss. War man drüben angekommen und schlug das Ruder in die andere Richtung ein, fuhr man wieder zurück. Wichtig war dabei, dass die Befestigungen an Seilen und Rudern hielten. Für den Notfall gab es zwei riesige Paddel, mit denen man verhindern konnte, dass das Boot manövrierunfähig abtrieb.

Samuel stellte mit Zufriedenheit fest, dass die Taue und das Boot in einem tadellosen Zustand waren, als er hinter sich Lucas' Stimme hörte.

"So is the boat ready for the great **adventure**?"
Samuel sah sich um. Lucas kam mit raschen Schritten heran. Auch er trug jetzt ein Schwert, nämlich das seines Vaters. Die Spitze baumelte wenige Zentimeter über dem Boden.
"I don't want to meet our **scaly** friend without my sword. **Although** I'm not sure swords are going to be much **use** against this dragon. All it has to do is **breathe fire** at us and we and the boat are toast. Samuel, I'm scared. Do you think we'**ll survive**?"
"Don't **tempt** fate", erwiderte Samuel. "I know you're scared. **So am I**. But we have to do something. Who else is going to if we don't?"
"It's not just fate we're tempting, Samuel, it's a dragon! We must be mad to be doing this", sagte Lucas ernst.
"We'**ll come back heroes**", entgegnete Samuel. "Wait and see."
"Right. **Toasted** heroes."
Lucas stand an der Uferböschung und blickte zu Samuel hinab, der geschickt in dem schwankenden Boot sein Gleichgewicht ausbalancierte.
"How are we going to do this?", fragte er. "Do you have a plan?"
"We cross the river, and then we look for the dragon", antwortete Samuel knapp.

adventure Abenteuer
scaly schuppigen
although obwohl
use Nutzen
breathe fire Feuer spucken
will survive werden überleben
tempt fordere heraus
So am I. Ich auch.
will come back werden zurückkommen als
heroes Helden
toasted getoastete

"Oh, great. That's a really **well-thought-out** plan. Even I **could have managed** that. Does the ferry still work?"
"Yes, it does", sagte Samuel. "Once a week I take it twenty feet out onto the river and then come back again. It's still working fine. But even if we don't see the dragon, I need to **take** it **across** and **check** that the **jetty** on the other **side** of the river is still all right."
"Okay", sagte Lucas zögernd. "I'm coming **aboard**. My **life** is in your hands, Samuel."
Lucas hielt sich nicht gern auf dem Wasser auf. Ein schwankendes Boot war ihm unheimlich. Mit wackeligen Beinen und gemischten Gefühlen stieg er jetzt zu Samuel hinunter und hatte es eilig, sich auf eine der Bänke zu setzen. Da fiel Samuel der Beutel auf, den er bei sich trug.
"What have you got there?", fragte er. "**Poisoned** bread for the dragon?"
"No", entgegnete Lucas, "just bread and water for us. Who knows how long we'll be over there?"
"Good idea", sagte Samuel. "But I think we'll be back before dark."
"Did**n't** you bring **anything** with you?", wollte Lucas wissen.
"I've got my sword!", entgegnete Samuel. "I don't need anything **else**."

well-thought-out wohldurchdachter
could have managed hätte geschafft
take across hinüberfahren
check kontrollieren
jetty Steg
side Seite
aboard an Bord
life Leben
poisoned vergiftetes
not anything nichts
else anderes

Er überprüfte noch einmal sorgfältig das Fährboot, dann war er bereit, die Leine zu lösen und den Kahn vom Steg abzustoßen.
“Are you ready for our adventure?”, fragte er Lucas.
“Ready.”
Samuel löste die Leine und stieß das Boot in die Strömung. Er stieg über Lucas hinweg, der in der Mitte auf dem Boden kauerte, und setzte sich ins Heck ans Ruder. Im Sog der Strömung richtete sich das Boot augenblicklich aus. Samuel schlug das Steuerruder ein und die Fähre begann sich über den Fluss zu bewegen. Das Seil, das über das Wasser gespannt war, dehnte sich unter der Last der Fähre. Gurgelnd schlugen die Wellen an den Bug. Samuel blickte zum Ufer zurück und sah, wie das Fährhaus und der Steg schnell kleiner wurden. Und er sah, wie sich Lucas fester an die Seitenwände klammerte, je weiter sie das Ufer hinter sich ließen.
Samuel hatte das Ruder fest im Griff. Es fühlte sich gut an. Obwohl es ein reißender Fluss war, auf dem sie dahinglitten, merkte er, dass das Wasser eine beruhigende Wirkung auf ihn hatte.
Seine Gedanken schweiften ab … Was geschah eigentlich in Darkland, wenn seine Zeit hier ablief und er mit einem Schlag wieder in Nocklesford war?, fragte er sich.
Seinen jetzigen Ausflug hierher hatte er wohlweislich so geplant, dass er nachts auf den Dachboden geschlichen war, nachdem er sich erst vergewissert hatte, dass seine Mutter tief und fest schlief. Er war sich sicher,

dass er jederzeit wieder nach Darkland zurückkehren könnte, sobald er auf dem Dachboden gelandet war. Aber was geschah mit dem Samuel, der er gerade war, in der Zeit, wenn er einen normalen Tag in Nocklesford verbrachte?

Doch er hatte keine Zeit, diesen Fragen auf den Grund zu gehen. Von einer Sekunde auf die andere begann sein Herz wild zu schlagen und Samuel wusste, dass auch Lucas gesehen hatte, was er sah. Sein Gefährte klammerte sich an die Bootswand und rutschte unruhig auf der Bank hin und her.

“**Damn!**”, rief er. “Look who’s coming.”

Sie ritten am Ufer entlang, das Samuel und Lucas hinter sich gelassen hatten. Auf ihren Pferden preschten sie über den Treidelpfad. Staub wirbelte unter den Hufen der Tiere auf.

Ethan ritt vorneweg, dahinter Finley und Liam. Sie brachten ihre Pferde beim Fährhaus zum Stehen, stiegen ab und eilten mit schnellen Schritten auf den Steg.

“Hey!”, schrie Ethan und gestikulierte wild mit den Armen. “The dragon belongs to us! If you think you’re going to **claim** that reward, **you’re wrong**. It’s ours! You stay **away** from that dragon, do you hear me?”

Ihr Boot war schon ein gutes Stück vom Ufer entfernt, aber die Stimme von Ethan erschien ihnen dennoch seltsam nahe, als würde sie über das Wasser ge-

Damn! Verdammt!
claim beanspruchen
you’re wrong liegt ihr falsch
away fern

tragen. Lucas war bleich geworden. Samuel berührte das Schwert an seiner Seite und spürte, wie seine Ruhe zurückkehrte.

"That's all we need!", wimmerte Lucas. "I was afraid they'd **turn up**."

"Forget it", entgegnete Samuel in aller Ruhe. "They can't hurt us. And they're far too **cowardly** to go **anywhere** near the dragon."

Er richtete sich auf, stand sicher im Boot und hielt das Ruder fest.

"You three are **nothing but talk**!", rief er den dreien zu. "What have you done about the dragon **so far**? Nothing! You're all **cowards**. Never in a million years would you be brave enough to fight the dragon!"

turn up auftauchen
cowardly feige
anywhere irgendwo
but außer
nothing but talk nur Schwätzer
so far bis jetzt
cowards Feiglinge
regret bereuen

"You're going to **regret** saying that!", schrie Ethan zurück und zog sein Schwert.

Heiße Angst durchfuhr Samuel. Von einem Moment zum anderen schwand die Sicherheit, in der er sich eben noch auf dem Wasser geglaubt hatte. Er wusste, dass Ethan den gleichen Gedanken hatte. Und wie es aussah, scheute er sich nicht, den Gedanken in die Tat umzusetzen.

Samuel hörte noch, wie Lucas ängstlich rief: "What's he doing?", dann setzte er sich wieder und griff nach den großen Paddeln, die für den Fall der Fälle auf dem Boden lagen.

Ethan holte mit dem Schwert aus und hieb mit einer kräftigen Bewegung auf das Seil.
Es gab einen Ruck, als würden sie gerammt werden. Das durchtrennte Seil rauschte durch die Rollen und sofort trieben sie in rasender Geschwindigkeit stromabwärts.
"Samuel!", schrie Lucas. "We've been **cut adrift**!"

cut adrift
losgemacht

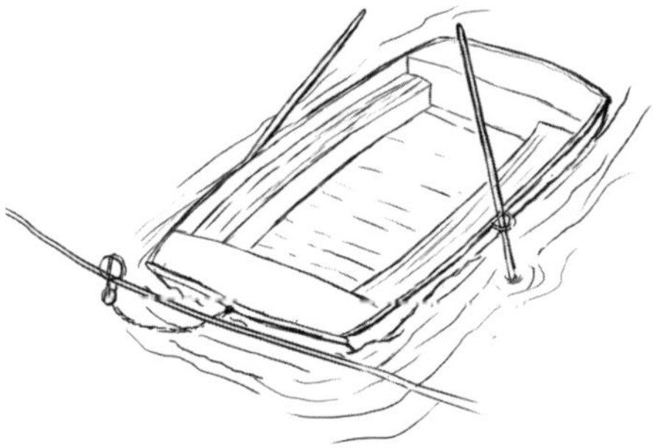

Through the Thicket

Samuel wusste, er musste versuchen, die Ruhe zu bewahren. Die Gedanken rasten ihm blitzschnell durch den Kopf. Sie brauchten die Paddel nicht, er hatte eine bessere Idee. Mit schnellen Bewegungen hangelte er sich in den Bug des Bootes und versuchte, das Seil zu fassen zu bekommen. Es rauschte zwar in Windeseile durch die Rollen, aber es war immer noch mit dem Boot verbunden. Und solange das Boot mit dem Seil verbunden war, war es auch mit dem gegenüberliegenden Ufer verbunden.

"**Don't worry!**", beruhigte er Lucas. "Sit down. If I need you I'll let you know."

Er streckte sich, hielt sich mit der einen Hand an der Bootswand fest, während er mit der anderen nach dem Seil im Wasser fischte. Zweimal glitt es ihm durch die Finger, bis er es endlich packen konnte. Rasch wickelte er das Tau um den Bugspriet. Wieder gab es einen Ruck, das Seil spannte sich und langsam bewegte sich das Boot mit der Strömung in einer ausholenden Bewegung wieder auf das Ufer zu.

Don't worry. Mach dir keine Sorgen.
Thank goodness. Gott sei Dank.
rope Seil
well gut
fastened befestigt

"See!", rief Samuel begeistert und war mit zwei großen Schritten zurück am Steuerruder. "**Thank goodness** the **rope** is **well fastened** on the other side. We're not

adrift, we'**re heading for** the **bank**. We won't **reach** the jetty, but we'll be all right!"
Das Boot näherte sich rasch dem Ufer. Nach Samuels Einschätzung würden sie dort anlanden, wo der Fluss eine kleine Einbuchtung hatte und das Wasser ruhiger war. Ja, er sah dort sogar einen kleinen Sandstrand.
"Look! Over there", rief er Lucas zu, der sich immer noch an die Reling klammerte. "We're heading for the sand. We should have a soft **landing**."
"If the rope holds!", rief Lucas. In seiner Stimme schwang Angst mit. "I can't swim, you know that!"
"Don't worry", beruhigte ihn Samuel. "You won't have to."
Das Boot schaukelte in den Wellen, die Strömung zerrte an dem Seil, das bis zum Zerreissen gespannt war. Wasser spritzte auf und Lucas sah voller Sorge, dass sich auf dem Boden des Bootes schon eine große Pfütze gebildet hatte. Doch Samuel hatte recht. Das Boot kam der Bucht immer näher und sie legten tatsächlich genau an dem kleinen, friedlich anmutenden Sandstrand an. Kaum konnte Samuel den sandigen Grund des Flusses erkennen, sprang er aus dem Boot, packte es und zog es in den Schutz der Bucht. Das Wasser hier war ruhiger, es gab so gut wie keine Strömung. Das Gurgeln und Rauschen, das eben noch in ihren Ohren getost hatte, war hier sanft und ruhig.

are heading for ... steuern auf ... zu
bank Ufer
reach erreichen
landing Landung

Sie hatten es geschafft! Zwar waren sie ein ganzes Stück flussabwärts getrieben worden, aber sie waren vorerst in Sicherheit.
Das sah auch Lucas so. Ein Strahlen lag auf seinem Gesicht, als er sich aus seiner Starre löste und vorsichtig aus dem Boot stieg.
"**Thank God!**", seufzte er. "We survived. **Well done**. I'm **glad** I wasn't **alone** in the boat."
"It wasn't so bad", lachte Samuel. "It would have been **worse** if we'd let those three **troublemakers** stop us going to look for the dragon."
Mit einer Kopfbewegung deutete er flussaufwärts über das Wasser, wo das Fährhaus hinter den Bäumen liegen musste. Lediglich der Steg war von hier aus noch zu sehen, und auf ihm standen Ethan, Finley und Liam und blickten unschlüssig zu ihnen herüber. Sie waren zu weit entfernt, als dass man ihre Stimmen noch hätte hören können, und das war auch gut so.

Thank God!
Gott sei Dank!
Well done.
Gut gemacht.
glad froh
alone allein
worse schlimmer
troublemakers
Unruhestifter

Lucas kletterte aus dem seichten Wasser an Land und überließ es Samuel, das Boot zu vertäuen und an einem der ufernahen Bäume festzumachen. Als hätte er die Überfahrt allein mit seiner Muskelkraft hinter sich gebracht, ließ er sich erschöpft auf den Stamm eines Baumes sinken, den ein Sturm gefällt hatte.
"I was really scared!", sagte er und blickte auf das dichte Grün, das sie nun umgab. "And it looks as if it's only

going to get worse. All I can see is thick **undergrowth**. There doesn't seem to be a **path** through the forest, just bushes and trees. Who knows what's waiting for us in there … There are **probably** snakes, and **wolves**. And of course there's a dragon."

"Lucas", sagte Samuel. "We're on a **quest**. **Have** you **forgotten** already? We'**re** not **allowed** to be scared."

"But I *am*", antwortete Lucas verzweifelt und sah Samuel zu, der mit einem letzten Knoten das Boot sicherte. "How are we going to get back? There's no rope across the river any more. There's no **connection** with the other bank."

Samuel wandte sich vom Boot ab und setzte sich zu seinem Freund.

"True", sagte er. "I've been thinking about how we're going to get back."

"And? Any ideas?"

"Of course", erwiderte Samuel. "Just **downstream** from here the water **flows** more slowly. If we **paddle** hard we'll only **drift** downstream a bit before we reach the other bank. Then we can pull the boat **upstream along** the **towpath** until we get home."

"Hm. It sounds as if it should work", sagte Lucas. "But does the dragon know that he's **supposed to** let us **get away**?"

undergrowth Gestrüpp
path Pfad
probably wahrscheinlich
wolves Wölfe
quest Suche
have forgotten hast vergessen
are allowed dürfen
connection Verbindung
downstream flussabwärts
flows fließt
paddle paddeln
drift abtreiben
upstream flussaufwärts
along entlang
towpath Treidelweg
is supposed to soll
get away entkommen

"We'll have defeated the dragon by then!", sagte Samuel und legte bedeutungsvoll die Hand auf den Knauf seines Schwertes. "Come on. Let's not **waste** any more time."

Sie standen auf und starrten auf das Dickicht aus Bäumen und Unterholz, das sie nun erwartete. Über dem dichten Grün war gerade noch die höchste Bergspitze zu sehen. Die Handelsstraße lag weiter flussaufwärts. Sie wussten, der Drache hatte seine Höhle in diesen Bergen. Samuel peilte die Richtung, die sie einschlagen mussten. Einen Weg gab es hier nicht, also konnten sie geradewegs auf den Berg zuhalten.

waste
verschwenden

Samuel zückte sein Schwert und ging voraus. Er ließ die scharfe Klinge auf Gestrüpp und Äste vor ihm sausen und hieb so einen schmalen Pfad in die scheinbar undurchdringliche Natur. Das Grün schien von allen Seiten auf sie zuzuwuchern; es war, als würde die Erde Grün speien, als fiele Grün vom Himmel, als drängte das Grün von allen Seiten heran. Es war feucht wie in einem Gewächshaus und über allem lag ein Duft, als sonderten die Pflanzen Grün ab.

Schon nach wenigen Metern merkten sie, dass sie ihre Kräfte überschätzt hatten. Samuel spürte Erschöpfung in seinen Armen, in seinem Körper; er vermochte kaum noch das Schwert zu heben, um sich weiter einen Weg durch das Dickicht zu bahnen. Als er den Vorschlag machte, eine kleine Rast einzulegen, stieß er sofort auf Zustimmung.

"Good idea!", sagte Lucas.

Sie hieben sich Gras, Äste und Blätter ab, legten sich inmitten des Urwalds auf eine weiche, grüne Matte und blickten über sich in die Baumwipfel und die spärlichen milchig grauen Fleckchen Himmel, die durch die Äste schimmerten.

Lucas nahm sich ein Stück Brot aus seinem Beutel und gab auch Samuel davon.

Jetzt, nach den ersten Aufregungen ihres Abenteuers, erinnerte sich Samuel daran, was er von Lucas hatte wissen wollen, bevor Ethan das Seil kappte.

"Tell me", bat er Lucas, "what **actually** happened back in town, **after** we told the **crowd** the merchant was a swindler, and the dragon **suddenly flew over**?"

Lucas musste lachen. Er biss von seinem Brot ab, kaute genüsslich und sagte: "**Don't you remember?** We told him the **cheating had to** stop. You were the one who **was shouting**, have you forgotten already? It was **incredible** how you **disarmed** him with your sword. You **earned** everyone's respect."

"Yes, of course!", antwortete Samuel. "I'm so glad your father gave me this sword."

Eine kurze Pause entstand. Lucas reichte Samuel die Flasche mit Wasser und Samuel trank.

actually eigentlich
after nachdem
crowd Menge
suddenly plötzlich
flew geflogen ist
over vorüber
Don't you remember? Erinnerst du dich nicht?
cheating Schwindeln
had to musste
was shouting geschrien hat
incredible unglaublich
disarmed entwaffnet hast
earned hast verdient

"And then?", fragte er weiter. "What happened **afterwards**, when the dragon **came** and **everybody** started running?"
"You haven't forgotten already, have you?", fragte Lucas. "It was only a few days ago."
"No, no", stotterte Samuel. "I know what I remember – I just **wondered whether** you **noticed anything** strange?"
Lucas dachte einen Moment nach. "No, not really", sagte er. "People **went** home. The few merchants who'd come to the market **packed up** and **left**. Well, why would you stay when all your customers are hiding in their houses? And we went back, too, remember? I went to the smithy and you went home to your mother. I don't remember anything special."
"Right. Yes, that's what I thought", sagte Samuel.
"The only thing that was unusual was that the dragon **dropped** a big rock onto the roof of a house and destroyed it. It's the first time he's done something like that. But then he flew away."
Samuel wusste nichts davon. Das hieß, jetzt wusste er immerhin schon etwas – etwas, das er schon seit Längerem ahnte: Dass er einfach normal weiterlebte hier in Darkland, wenn er zurück nach Nocklesford

afterwards danach
came gekommen ist
everybody alle
wondered habe mich gefragt
whether ob
noticed bemerkt hast
anything irgendetwas
went sind gegangen
packed up haben zusammengepackt
left sind gegangen
dropped hat fallen gelassen

musste. Oder war es nur ein Teil seines Bewusstseins, das verschwand? Oder sein Zeitempfinden?

Irgendwie war es beruhigend, zu wissen, dass er hier weiterlebte, wenn er nach Nocklesford zurückgekehrt war. Oder doch nicht? War es denn wirklich möglich, dass er ganz und gar zweimal existierte? Vielleicht aber war es ja so, dass die Kraft seines Schwertes nur dann zum Einsatz kam, wenn er bewusst hier war?

Große Müdigkeit überkam ihn. Seine Lider senkten sich und ehe er es sich versah, war er eingeschlafen.

Tracks

Er hatte schon Übung darin. Sobald er die Augen aufschlug, wusste er, wo er war. Sofort erkannte er die Bohlen des Speicherbodens und stand auf. Diesmal klopfte er sich nicht einmal den Staub aus den Kleidern. Wozu auch – er musste schleunigst zurück nach Darkland. Aber Samuel hatte Hunger und Durst und nahm sich die Zeit, schnell nach unten in die Küche zu schlüpfen. Er vergewisserte sich, dass seine Mutter tatsächlich noch schlief. Mit spitzen Ohren lauschte er nach Geräuschen im Haus. Es war dunkel in allen Räumen. Er knipste im Flur das Licht an. Das würde er anlassen, wenn er sich gleich wieder in Richtung Darkland aus dem Staub machte.

tracks Spuren

In Windeseile schmierte er sich ein Brot und trank eine halbe Flasche Mineralwasser. Wieder auf dem Speicher, hatte er auch das Brot gegessen.
Er positionierte sich hinter der Kamera, spannte den Verschluss, warf sich das schwarze Tuch über den Kopf und drückte auf den Auslöser. Alle Handgriffe gingen ihm wie von selbst von der Hand. Dennoch hatte er Herzklopfen, denn er wusste nie, wo und in welcher Situation er in Darkland auftauchen würde.

Durch das Grün sah er den diesig verschleierten Himmel. Die Sonnenstrahlen erreichten das Blätterdach über ihm wie durch einen grauen Filter. Um ihn herum wucherte das Grün in allen pflanzlichen Variationen – und dieses Grün war voller Leben. Irgendwo krauchte und krabbelte es, die Rufe der Vögel verhallten in den Weiten des Waldes. Die Luft war so feucht, dass man sie hätte auswringen können.

Samuel richtete sich auf und sah neben sich Lucas im Schneidersitz, den Blick aufmerksam in das Dickicht gerichtet.

"You **were asleep**", sagte er, ohne Samuel anzuschauen.

"And you were being my bodyguard?"

"Yes", antwortete Lucas und wandte sich Samuel mit einem Grinsen zu. "Our friend the dragon came by and wanted to **eat** us. I said that perhaps he **wouldn't mind** waiting until you **woke up**, so you could pick up your sword, **otherwise** it wouldn't be fair."

were asleep hast geschlafen
eat auffressen
wouldn't mind nichts dagegen hätte
woke up aufwachtest
otherwise sonst
little kleines
nap Nickerchen

Gut gelaunt bewarf Samuel Lucas mit Blättern und stand auf.

"You did well", sagte er. "How long was I asleep?"

"Just a few seconds! I suppose you only needed a **little nap** to get your strength back. Shall we go?"

"Yes, come on. Are you all right?"

"Yes, fine."

Samuel sah sich um. Hinter ihnen lag die Schneise, die er mit der scharfen Klinge seines Schwertes geschlagen hatte. Fast schien es, als würde das Grün schon wieder beginnen, die Gasse zu schließen. Aber der Eindruck

täuschte, das wusste Samuel. Es waren einfach so unendlich viele Pflanzen um sie herum, dass ihm die Sinne schwirrten.
Sie wandten sich wieder in die Richtung des Berges, den sie erreichen wollten. Samuel griff nach dem Schwert und sie setzten den Weg fort. Das Schwert war Samuel schon so vertraut, als wäre es ein Teil von ihm. Kaum vorstellbar, dass er in Darkland ohne diese Waffe unterwegs sein müsste, die ihm so viel Selbstbewusstsein bescherte.
Hinter sich hörte er die Schritte von Lucas, der ihm in einiger Entfernung folgte. Samuel hatte den Eindruck, als würde immer weniger Licht durch die Äste und Zweige dringen, je weiter sie vorankamen. Hell war es ohnhin nicht gewesen, aber es wurde immer noch finsterer.
Dann verstummten mit einem Mal die Geräusche des Waldes. Kein Vogel war mehr zu hören, kein Krabbeln, kein Rascheln. Ein eisiger Luftzug fuhr durch die Blätter wie ein geheimnisvoller Vorbote eines unheilvollen Ereignisses.
Samuel wusste, woher er dieses Gefühl kannte.
Von einer Sekunde auf die andere legte sich der riesige Schatten über sie. Sie blieben augenblicklich stehen, die Blicke in den Himmel gerichtet. Ein unheimliches Pfeifen begleitete den Flug des Drachens nicht weit über den Baumwipfeln. Einen Flügelschlag noch, das Blätterdach wogte, dann war der Schatten wieder verschwunden.

"There he is, our friend!", flüsterte Samuel und sah Lucas mit leuchtenden Augen an.
"I don't really want to be his friend", antwortete Lucas. Er war bleich.
"I think we're on his **territory**."
"Yes, **unfortunately**. His cave is **somewhere** up in the **mountains**, but I don't know how **close** we are now."
Lucas trat hilflos gegen einen Baum. "You can't see a thing in all this undergrowth."
Samuel drehte sich um und begann sich wieder mit dem Schwert einen Weg durch das dichte Gestrüpp zu bahnen. Er kannte nur wenige der Baum- und Straucharten, durch die sie sich kämpften. Manches Holz war hart und unnachgiebig, anderes weich und saftig. Gerade waren sie auf eine Pflanze gestoßen, deren Blätter mit einer Art Gelee gefüllt waren, das zu Boden tropfte, wenn er mit dem Schwert in die Zweige hieb.
"I don't think it can be **far** now to the mountains", sagte Samuel.
Und so war es.
Nach wenigen Metern schon veränderte sich die Vegetation. Die Bäume standen in größerem Abstand voneinander. Das Moos war nicht so mehr so dicht und flauschig, der Farn nicht mehr so hoch. Auch die Feuchtigkeit ließ nach und Bienen und Schmetterlinge tanzten nun zwischen den Stämmen.

territory Gebiet
unfortunately leider
somewhere irgendwo
mountains Bergen
close nah
far weit

Vor ihnen blitzte das Grau einer Felswand durch die Äste. Sie hatten den Berg erreicht.
"Look!", rief Samuel. "There's the mountain."
"Yes!", schnaufte Lucas hinter ihm. "**Finally**. How about a little **rest**, before we … before we start to climb?"
"Good idea", entgegnete Samuel. "Let's look for somewhere a bit **further** up the mountain, all right?"
Lucas zögerte. "All right", sagte er dann.
Der dichte Wald lag so gut wie hinter ihnen. Vor sich hatten sie nun den Gebirgszug, der sich steil in den düsteren Himmel erhob. Die unteren Abhänge waren noch bewachsen, aber weiter oben sahen sie nur noch nacktes Gestein. Samuel bezweifelte, dass sie die Felswände, die senkrecht in den Himmel wuchsen, ohne Ausrüstung bezwingen könnten, ohne Seil, ohne Haken und in ihren Schnürsandalen.

finally endlich
rest Pause
further weiter

Aber vielleicht mussten sie gar nicht so weit in die Höhe?
Nach dem ersten Anstieg erreichten sie ein kleines Hochplateau, wie geschaffen für eine Rast. Große runde Steine luden zum Ausruhen ein und sie hatten einen wunderbaren Blick über den Wald, den sie hinter sich gelassen hatten. Wie ein grünes, im Wind wogendes Meer erschien er ihnen von hier oben und dahinter war das endlose Band des Flusses zu sehen. Samuel hatte Mühe, am anderen Ufer Backwood mit seinen winzigen Häusern auszumachen.

Wie gut, dass Lucas zu essen und zu trinken dabei hatte. Er reichte Samuel die Flasche und gab ihm ein Stück Brot.
"We've come a long way", sagte Lucas. "You can **hardly** see the **opposite** bank of the river. I can't see my father's smithy at all."
"Right", antwortete Samuel. "I can't see my house by the ferry, **either**. It's all a bit **misty**, as if there's a **veil** over **everything**. Those houses over there – is that Backwood?"
"Yes, I think so."
Samuel wandte sich zu dem Berg um, dessen steile Wände sie erwarteten. "We've come a long way, but we still have a long way to go", sagte er.
"Yes, I know", antwortete Lucas. "I'm starting **to feel** a bit **sick**."

hardly kaum
opposite gegenüberliegende
(not) either auch (nicht)
misty diesig
veil Schleier
everything allem
to feel sick übel zu werden
nearby in der Nähe
am going to wet myself werde mir in die Hose machen

Sie suchten mit den Augen die Bergwände ab, um herauszufinden, wo sich der Drache verkrochen haben könnte. Aber von hier unten war nirgends eine Höhle zu sehen. Es schien ein paar weitere Hochebenen zu geben, die eine oder andere auch mit Wald bewachsen. Vielleicht waren sie dem Drachen wirklich schon nahe.
"I have a feeling our friend is somewhere **nearby**", sagte Samuel.
"I'm so scared I'm afraid I'**m going to wet myself**", erwiderte Lucas.

"Well, don't", sagte Samuel. "Dragons are like mad dogs. If they think you're **weak**, they'**ll attack**."
"How can that be true?", fragte Lucas. "Why would a dragon think I'm weak? He's thirty times bigger than me, a **hundred** times stronger, he can spit fire and **roast** me like a pig with just one **breath**, and with one **sweep** of his **tail** he can **knock down** a forest. Oh, and he can fly, too. Now, why on earth would a beast like that think that I was weak?"
"I'm beginning to worry about you", sagte Samuel.
"Finally", entgegnete Lucas. "I'**m worried** about me too." Er seufzte. "Oh, all right, let's **keep going**."
Samuel kam dieser Tatendrang gerade recht. Sie waren auf einem guten Weg, sie waren motiviert und ihre Pausen sollten nicht zu lange währen. Er hatte immer nur begrenzt Zeit, das durfte er nie aus den Augen verlieren.
"Good", sagte er, stand auf und ging mit festem Schritt auf den nächsten Hang zu.
Sie mussten klettern, einen Weg gab es auch hier nicht. Es war, als würde die Sicht diesiger werden, je höher sie kamen. Nebel legte sich wie ein feuchtes, unsichtbares Tuch auf ihre Haut, ihre Lippen und Augen. Es wurde deutlich kühler.
Nur mit Mühe gelangten sie endlich auf das nächste Hochplateau, wo die Vegetation noch einmal einen

weak schwach
will attack werden angreifen
hundred hundert
roast rösten
breath Atemzug
sweep Schwung
tail Schwanzes
knock down umhauen
am worried mache mir Sorgen
keep going weitergehen

letzten Versuch unternahm, den Berg zu bezwingen. Doch erfolglos: Wenige Meter über ihnen erhoben sich gewaltige Felswände mit schroffen Ecken und Kanten. Aber auf dem Plateau schienen die Pflanzen einen guten Nährboden zu finden. Dicht an dicht standen hier die Bäume. Sie standen auf einer Lichtung, um sie herum Bäume und Sträucher, doch es sah aus, als führte ein Weg von hier durch das Grün weiter nach oben.

"It seems we'll have to climb up the rock", stellte Samuel fest.

Lucas nickte. Er war außer Atem, die Erschöpfung stand ihm ins Gesicht geschrieben.

Da! Auf dem Boden!

War das nicht ein Abdruck? Wie von einem riesenhaften Fuß?

Samuel durchfuhr ein Verdacht. Er legte die Hand um den Knauf seines Schwertes und begann vorsichtig einen Fuß vor den anderen zu setzen.

Lucas schauderte.

"Did you see the tracks?", keuchte er und folgte Samuel. "Do you think …?"

"Sssshhh!", machte Samuel und zog mit einer raschen Bewegung das Schwert aus der Scheide. Lautlos trat er ein paar Schritte vor und winkte Lucas, ihm zu folgen. Wie in einen Tunnel ging es in den Wald, der sich über ihren Köpfen wieder zu einer grünen, dichten Decke schloss, als sie seltsame Geräusche zu hören glaubten. Wie angewurzelt blieben sie stehen.

Er war noch größer, als sie ihn sich vorgestellt hatten. Als Samuel sich weiter vorwagte und, im Unterholz verborgen, durch das dichte Grün spähte, erblickte er das Untier. Sein Kopf war riesig und scharfkantig wie ein grüner Felsbrocken, der Körper eine mächtige, schuppige Erhebung, dessen Ausmaße sich nur erahnen ließen.

enormous riesig
wound Wunde
saw habe gesehen
painful schmerzhaft
catapult Schleuder

Er lag in einer Felshöhle. Die mächtigen Flügel, deren Ansätze gut zu erkennen waren, hoben und senkten sich ruhig und langsam.

Der Drache schlief.

Samuel wagte sich ein paar Schritte näher an das Tier heran. Unmittelbar neben dem linken Flügelansatz, wo der Drache nicht gepanzert war, sah er eine tiefe Wunde. Blut und Eiter quollen heraus. Kein schöner Anblick. Das war das Werk von Ethan, Finley und Liam – und vielleicht der Grund für den Zorn des Untiers.

Lucas war Samuel gefolgt. "Oh my God", flüsterte er. "He's **enormous**."

"Yes", antwortete Samuel. "And look at his **wound**."

"I **saw** it. It looks very **painful**. I suppose it's from one of the rocks Ethan and the others put in the **catapult** to fight him."

Vorsichtig schlichen sie zurück in das Baumdickicht, um zu beratschlagen, was weiter zu tun war. Samuel spürte, dass er noch einmal verschnaufen musste. Der Aufstieg hatte ihn müde gemacht, sehr müde …

Aloe Vera

Etwas war anders als sonst. Seine Glieder fühlten sich schwerer an, so als fließe Blei in seinen Adern. Er schlug die Augen auf, aber er war nicht wach. Er sah die Bodenbretter, er sah nicht weit von sich die Beine des Stativs des Fotoapparats, und er wusste, wo er sich befand. Aber etwas lief hier nicht nach Plan.

Es dauerte nur wenige Sekunden, bis ihm klar war, dass er verschlafen hatte. Dass er nicht gleich wieder erwacht war, nachdem er auf den Speicher zurückgekehrt war. Er hatte vorgehabt, sofort wieder nach Darkland zu gehen, weil er Lucas in dieser schwierigen Situation allein gelassen hatte. Und nun war hier bereits Tag. Als er jetzt seine Mutter rufen hörte, hatte er vollends Gewissheit.

"Samuel! **Get up!**", hörte er sie von unten.

"You're going to be late for school!"

Sie rief aus der Küche im Erdgeschoss nach oben in den ersten Stock, wo sie ihn in seinem Zimmer vermutete.

Get up!
Aufstehen!

Darkland musste warten, er konnte nicht sofort wieder dorthin zurück. Er musste mit seiner Mutter frühstücken wie jeden Morgen. Dann würde er weitersehen. Er würde sich etwas einfallen lassen. Aber er musste sich beeilen, das war ihm klar.

"Samuel! Get up! Now!"

Plötzlich hatte er eine Idee!

Schnell war Samuel jetzt auf den Beinen, öffnete behutsam die Tür und schlich auf leisen Sohlen in sein Zimmer.

"Samuel, can you hear me? Are you **awake**?"

Damit seine Mutter keinen Verdacht schöpfte, zog er sich schnell die Kleider aus, legte sich ins Bett und rief mit gepresster Stimme: "Coming!"

Dann warf er die Decke auch schon wieder von sich und wankte mit gespielter Müdigkeit aus seinem Zimmer.

"I'm coming!", wiederholte er auf dem Flur.

awake wach

"Hurry up. Breakfast is already on the table." Seine Mutter stand am Fuß der Treppe und sah zu ihm hinauf. "You're still tired, aren't you?", fragte sie.

Wenig später saßen sie gemeinsam am kleinen Tisch in der Küche beim Frühstück.

"Didn't you sleep well, darling?", fragte seine Mutter.

"Not really", murmelte Samuel.

"I saw that you came down in the night. You left the light on in the hall."

Samuel nickte und schielte verstohlen zu seiner Mutter. Hatte sie etwa Verdacht geschöpft? Aber nein – gerade nippte sie genüsslich an ihrem Kaffee und lächelte ihn an. Er hatte keine Lust, ihr jetzt irgendwelche Geschichten aufzutischen. Aber das brauchte er auch nicht. Es kam ihm zugute, dass sie wusste, dass er morgens nie groß ansprechbar war.

Sie stand auf und ging hinüber zur Kaffeemaschine, um sich nachzuschenken.

"How would they **heal** wounds hundreds of years ago?", fragte Samuel jetzt unvermittelt. "There were no plasters back then, or **antibiotics** or anything like that. Did people use **plants**, or what?"
Mit vollem Kaffeebecher kehrte seine Mutter zum Tisch zurück, strich ihm liebevoll durchs Haar und fragte: "Why do you ask?"
Samuel zuckte mit den Schultern.
"School", sagte er nur, machte eine Pause und fuhr fort: "We were learning about medieval times and battles and things. I was wondering how they healed wounds."
"Well", antwortete seine Mutter, "**back then** people **knew** a lot about which plants were **medicinal**. Not many people do nowadays – they just go to the chemist and buy medicine or **antiseptic cream**. But actually a lot of plants can be used to heal. Like Theresienoil."
"Theresienoil? What's that?"
"A **mixture** of **different** plants that's very good for healing **burns**."
"What's in it?"
"It's a **secret**."
"Ah!"
Samuel biss von seinem Toast ab und spülte den Bissen mit einem Schluck Kakao hinunter.

heal heilen
antibiotics Antibiotika
plants Pflanzen
back then damals
knew wussten
medicinal medizinisch nutzbar
antiseptic antiseptische
cream Salbe
mixture Mischung
different unterschiedlichen
burns Brandwunden
secret Geheimnis

"Or that", sagte seine Mutter und deutete mit einer Kopfbewegung zum Fensterbrett. "Aloe vera. That's an excellent medicinal plant."

Sie stand auf, holte den Pflanzentopf von der Fensterbank und stellte ihn vor Samuel auf den Tisch.

"**Feel** it", sagte sie. "See how soft and **plump** the leaves are? If you cut them, they **bleed** a kind of gel. And if you've got a wound, you can **rub** the gel from the leaf on it and it'll start to heal **right away**."

Samuel sah sich die Blätter der Pflanze genau an. Kam die ihm nicht bekannt vor? Vielleicht gab es diese Aloe vera im Wald in Darkland?

"Do these plants **grow** where it's green and fertile?"

"Yes, exactly", sagte seine Mutter. "Where it's green and fertile. And where it's warm."

Sie stellte die Pflanze wieder aufs Fensterbrett und sagte: "Now then, off to school. You don't want to be late. Come on, Samuel, hurry up!"

Zähneputzen, Schultasche aus dem Zimmer holen, Schuhe anziehen, und schon stand Samuel in der Tür und verabschiedete sich von seiner Mutter, die ihm ernst in die Augen schaute.

"Now, you're sure you're all right here **on your own** after school? You really don't mind?"

"No, Ma, honestly, it's fine."

"Because if it's a problem, I'll ask around and try to find a babysitter ..."

feel fass an
plump prall
bleed sondern ab
rub reiben
right away sofort
grow wachsen
on your own alleine

"Ma! I don't need a babysitter! I'm not a baby any more – I'm almost thirteen!"
Seine Mutter lachte, sichtlich erleichtert. "All right then, my big **grown-up** boy. I'll leave you a snack in the kitchen again, okay?"
"Okay."
Aber Samuel ging heute nicht in die Schule. Es gab Wichtigeres zu tun. Kaum auf der Straße, spürte er wieder, wie die Unruhe in ihm wuchs. Wie würde es Lucas ergangen sein? Wie ging es ihm jetzt, in diesem Augenblick?
Er musste so schnell wie möglich nach Darkland.
Samuel lief die Straße hinunter zur Bushaltestelle. Aber er wollte nicht zum Bus.
Schon bei der ersten Querstraße bog er ab. Er musste in der Nähe bleiben, er musste zurück in sein Haus, zurück auf den Speicher. Und als würden sich seine Schritte selbstständig machen, befand er sich schon wieder auf dem Rückweg. Entlang an den kleinen Vorgärten, bis hin zum Garten seines Hauses. Wie gut, dass es von einer hohen Hecke umgeben war, und wie gut auch, dass gleich an der Pforte der Geräteschuppen stand.
Dorthin verkroch sich Samuel. Als er beobachtet hatte, wie seine Mutter das Haus verließ, stahl er sich hinein. So schnell er konnte, eilte er die Treppe nach oben und betrat den Speicher. Behutsam setzte er seine Schultasche ab und näherte sich der Kamera.

grown-up
erwachsener

Sie waren immer noch im Wald. Samuel lag auf dem weichen Moos, neben ihm schlief Lucas. Obwohl Samuel sofort wusste, dass sie in unmittelbarer Nähe des Drachens waren, galten seine ersten Gedanken der Pflanze. Aloe vera. Er richtete sich auf, um zu sehen, ob der Drache noch schlief. Um sie herum war nur Grün. Sie waren nicht am gleichen Ort wie zum Zeitpunkt, als er nach Nocklesford verschwunden war. Wie es aussah, hatten sie sich ein Stück weiter in den Wald zurückgezogen, um vor dem Drachen sicher zu sein.
Samuel ließ Lucas schlafen, er schien die Erholung nötig zu haben. Er ging ein paar Schritte über den weichen Waldboden, dann sah er die Lichtung und den Eingang der Höhle. Der Drache lag unverändert da.
Aber er schlief nicht mehr. Er war wach. Er warf den riesigen Kopf von einer Seite auf die andere und stieß ein klagendes Schnaufen aus. Mit aller Macht versuchte er jetzt, den Kopf so weit es ging nach links zu drehen. Eine gewaltige Zunge schob sich aus dem Rachen und wollte die Wunde am Flügelansatz erreichen. Aber es gelang ihm nicht.
So elegant sich der Drache in der Luft bewegen konnte, hier am Boden wirkte er unbeholfen; der schwere Panzer schien seine Bewegungen zu beeinträchtigen. Und wie es aussah, hatte er Schmerzen.
Das war Samuels Chance.
Er verharrte kurz und musterte das Tier, dann schlich er lautlos zurück zu ihrem Rastplatz. Lucas schlief immer noch. Samuel ging weiter in den Wald hinein. Er

hatte die Pflanze, die ihm seine Mutter gezeigt hatte und die sie Aloe vera nannte, noch genau vor Augen. Er würde sie wiedererkennen, da war er sich sicher. Auf seinem Weg in den Wald hieb er die Pflanzen, die sich ihm in den Weg stellten, mit dem Schwert entzwei. Diesmal aber tat er es mit Umsicht und Bedacht. Er sah sich alles Grün genauer an.

Die Blätter zu unterscheiden war gar nicht so einfach, aber Samuel hatte auch die Beschaffenheit der Aloe vera im Gedächtnis. Das Blatt, nach dem er suchte, fühlte sich wie ein dickes Polster an. Das war das Besondere der Pflanze, daran würde er sie erkennen. Ein Blatt von ihr war wie ein kleines, straff gepolstertes Kissen. Er war sicher, dass er sie finden würde.Doch beinahe wäre er an ihr vorübergegangen.

Ja, das war sie! Samuel bückte sich und befühlte ein Blatt. Er hatte gefunden, was er suchte. Und nicht nur eine Pflanze wuchs hier, es waren gleich mehrere.

Blatt um Blatt trennte er ab und kehrte damit zu Lucas zurück.

Bei ihrem Lager angekommen, teilte er die Blätter der Länge nach in zwei Hälften. Das Gel schimmerte im fahlen Licht des Waldes. Tropfen lösten sich daraus. Er spürte an den Handflächen, wie sie augenblicklich für Erfrischung sorgten.

Samuel nahm eines der aufgeschnittenen Blätter und legte es, die Schnittfläche nach unten, Lucas auf die Stirn. Ein kleines Zucken ging durch seinen Körper und Lucas öffnete erschrocken die Augen.

"What … what …?", stammelte er.
"Aloe vera!", antwortete Samuel.
"Aloe *what*?"
Lucas griff sich an die Stirn, richtete sich auf und schaute auf das Blatt.
"What's that?"
"Aloe vera", wiederholte Samuel.
"Er … right. Well, it's nice and **cool**, but **so what?**"
"It's a medicinal plant, and this is our weapon against the dragon."
"Our weapon against the dragon? What are you planning? **Have** I **missed** something? How long was I asleep?"
"Not long", entgegnete Samuel. "But why did we come back here to take a nap?"
"Don't you remember? We went back into the forest where it was safe so that we could think about things and **come up with** a plan. Then I **got** tired and **fell asleep**. You promised you'd **keep watch**."
Samuel nickte. So war das also: Die Zeit schien einfach weiterzulaufen, während er in Nocklesford war.
"Well, I've got an idea!", sagte er. "Here's our plan. Listen: I've been watching the dragon. He's **injured**. He's trying **to clean** his wound, but he can't reach it with his tongue. This plant here …", er deutete auf die Aloe-vera-Blätter, "will help him. I'll

cool kühl
So what? Na und?
have missed habe verpasst
safe sicher
come up with uns ausdenken
got wurde
fell asleep bin eingeschlafen
keep watch Wache halten
injured verletzt
to clean sauber zu machen

climb up the rocks behind the cave and onto his back, and then I'll put the leaves on his wound."

"You want to do what?!" Augenblicklich war Lucas hellwach. "Have you gone mad? He'll kill you!"

"He won't be able to reach me if I'm on his back. And he'll feel the **healing effect** of the plant right away. It'll do him good. You'll see. He won't hurt me if he **realizes** I can help him. Perhaps I'll be able to **tame** him. If you can tame a wild horse, I don't see why you can't tame a dragon. We have to try."

healing heilende
effect Wirkung
realizes begreift
tame zähmen

"You're crazy!" sagte Lucas.

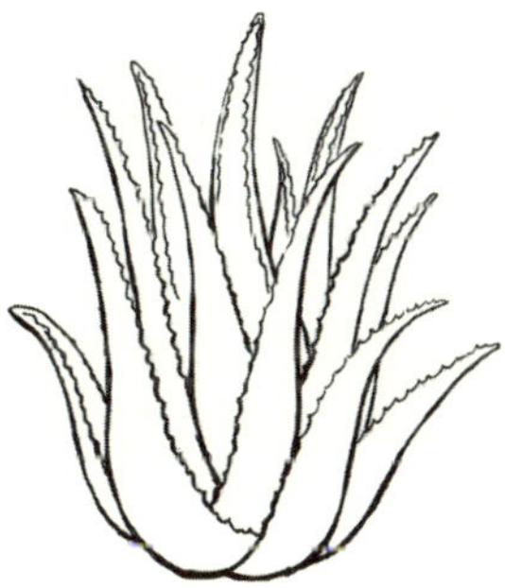

Flying the Dragon

Lucas lag auf der Lauer. Er befand sich genau dort, wo Samuel eben noch den Drachen beobachtet hatte. Er sollte verfolgen, wie Samuel sich auf den Rücken des Drachens hinabließ und, falls Samuel in Schwierigkeiten geriet, sollte er die Aufmerksamkeit des Drachens auf sich lenken und sich dann rasch in Sicherheit bringen.

Sich in Sicherheit bringen ... Leichter gesagt, als getan. Er konnte sich beim besten Willen nicht vorstellen, dass er den Mut aufbringen würde, vor den Drachen hinzutreten. Und er wusste erst recht nicht, was geschehen würde, falls er es doch fertigbrächte.

Er hoffte inständig, dass Samuel es schaffen würde. Dass alles gut verlaufen würde.

Samuel hatte sich in einem weiten Bogen durch das Dickicht bis zu der Felswand vorgearbeitet. Ein paar Meter von der Höhle des Drachens entfernt fand er ausreichend Halt, um an dem Felsen hochzuklettern. Das Gestein war fest und bröckelte nicht. Und er hatte Glück. Als er hoch genug war, gelang es ihm, sich auf einen Felsvorsprung hinüberzuhangeln, von wo er sich in Richtung Drachen vorrobben konnte. Er tastete sich immer weiter voran, die Hände vorgestreckt, und zog dann seinen Körper nach. Die Blätter der Aloe vera steckten in seinem Gürtel. Er sah aus wie ein Indianer – bis auf das Schwert in der Scheide, dass ein schabendes Geräusch machte, wenn Samuel sich weiterschob.

Als er endlich über der Höhle war, begann er mit aller Vorsicht den Abstieg. Er hörte den Atem des Drachens und glaubte die Wärme zu spüren, die von dem massigen Körper aufstieg, sah, wie sich Brust und Flanken des Tieres mit jedem Atemzug hoben und senkten. Er war nun nicht mehr als einen Meter von dem grünen Panzer des Drachens entfernt. Das Untier sah schrecklich aus. Ein harter, brüchiger Panzer, der in der Mitte des Rückens zu großen Zacken aufstieg. Samuels Nerven waren zum Zerreissen gespannt, sein Herz raste.

Wo waren Mut und Entschlossenheit, die ihm sein Wunderschwert eingegeben hatte? Wo die Unverletzbarkeit, die er gespürt hatte? Hier und jetzt, so nahe bei dem Drachen, kroch Angst in ihm hoch.

Er wusste, er musste vorsichtig sein und durfte keinen Fehler machen.

Er betrachtete die Wunde am Flügel. Ja, es konnte klappen. Es musste klappen! Doch er würde schnell sein müssen.

Samuel schloss die Augen und sandte ein Stoßgebet zum Himmel, dann ließ er sich auf den Drachen hinuntergleiten.

Der Panzer war rau, es bestand keine Gefahr, abzurutschen. Mit zwei Schritten war Samuel am Flügel des Tieres. Da, eine Bewegung! Spürte der Drache, dass sich jemand auf seinem Rücken zu schaffen machte?

Ein Schnauben ließ eine Wolke Staub vor den mächtigen Nüstern aufsteigen. Ein Ruck ging durch den Körper und Samuel klammerte sich am Flügel fest.

"Be careful!"
Das war Lucas.
Auch der Drache hatte ihn gehört. Er schüttelte sich und Samuel hatte Mühe, sich auf dem Rücken zu halten. Jetzt öffnete sich das Riesenmaul des Ungeheuers und es fauchte, fauchte so laut, dass Samuel das Blut in den Adern gefror.
Langsam begann der Drache, aus der Höhle zu robben. Er hob den Kopf, schwang ihn von einer Seite auf die andere. Und fauchte wieder.

Watch out!
Pass auf!

"Samuel, **watch out!**", schrie Lucas entsetzt.
Dann war die Luft plötzlich von Hitze erfüllt. Samuel wurde von einem Lichtstrahl geblendet, hinter und vor ihm fingen ein paar kleine Büsche Feuer. In seinem Zorn hatte der Drache Feuer gespien. Samuel brach der Schweiß aus. Er konnte sich kaum noch auf dem Rücken des Drachens halten, der sich nun, da er die Höhle verlassen wollte, wie wild gebärdete. Samuel klammerte sich mit der linken Hand an einen Muskelstrang das Flügels, griff mit der rechten nach den Blättern in seinem Gürtel und streckte sich, so weit er nur konnte, um die Wunde zu erreichen.
Sie sah besorgniserregend aus. Der Flügel darüber war geschwollen und schien große Schmerzen zu bereiten. Samuel legte das erste kühle Blatt auf die Wunde. Ein Zucken lief durch den Körper des Drachens. Das Tier fauchte noch einmal, zweimal, dann wurde es leiser und das Fauchen wich einem anhaltenden Knurren.

Doch es tat keinen Flügelschlag – und davor hatte Samuel sich am meisten gefürchtet. Sein Glück vielleicht, dass das Tier, obwohl es ein paar Meter vorgerobbt war, immer noch im Höhleneingang lag und es hier zu eng war, um die Flügel auszubreiten.
Blatt um Blatt versorgte Samuel die Wunde. Er zog die Aloe-vera-Blätter aus seinem Gürtel, streckte sich immer wieder hinunter und legte sie auf die Wunde. Das Zucken ließ nach.
Dem aufgebrachten Schnauben folgte eine Art wohliges Knurren. Der Drache wurde ruhiger. Samuel merkte, dass auch er selber ruhiger wurde. Der Plan schien zu funktionieren.
"Lucas!", rief er. "It's working. He's **calming down**."

Alle Blätter waren nun auf der Wunde verteilt und Samuel kletterte zurück auf den gezackten Rücken des Drachens und setzte sich auf dessen Nacken, so wie es die Elefantenreiter in Indien tun.
"The wound will heal!", sprach er beschwörend und wagte es, den Hals des Tieres zu tätscheln. "The wound will heal and you will be all right."
Dem Knurren folgte ein kräftiger Atemstoß, der Samuel hochwarf. Der Drache bettete seinen Kopf wieder auf den Sand. Er gab noch eine Weile das Knurren von sich, sein Flügel zuckte noch ein paarmal, dann schlief er ein.

is calming down
beruhigt sich

"Incredible!" Lucas wagte sich ein Stück aus seinem Versteck. "It really seems to be helping. Your plan

worked!" Er sah Samuel bewundernd an. "And now?", wollte er wissen. "What do we do next?"
Samuel zuckte die Schultern.
"We wait", antwortete er. "Perhaps he'd like to take me for a **ride**."
"Have you gone **completely** crazy?"
Samuel hatte sich an einen der Rückenzacken gelehnt und genoss das langsame Auf und Ab, das mit dem Atmen des Drachens einherging.
Dann aber schlug das Tier wieder die Augen auf. Mehr noch, es hob seinen Kopf und begann, mit kleinen, abgehackten Bewegungen ganz aus der Höhle zu robben. Samuel klammerte sich an eine der scharfen Zacken des Panzers.

ride Ritt
completely vollkommen
mean ernst gemeint
ground Boden

Plötzlich breitete das Tier die Flügel aus wie einen Fächer und schickte einen gewaltigen Luftstrom über die Lichtung.
"No!", rief Samuel entsetzt. "I didn't **mean** it! Stay on the **ground**! Please ..."
Mit wildem, hartem Flügelschlag stieg der Drache in den Himmel auf. Auf und ab gingen die Schwingen, der ganze Körper war in Bewegung. Und Samuel mit ihm.
"Samuel!", hörte er Lucas schreien, dann vernahm er nur noch den Flugwind, der ihm um die Ohren pfiff.
Er flog.
Was für ein Gefühl! Und was für eine Kraft steckte in diesem Tier! Welch unglaubliche Energie!

Hoch über dem Wald, durch den sich Samuel und Lucas gekämpft hatten, flog er dahin, den Flusslauf entlang, vorbei an seinem Holzhaus. Samuel sah den Steg unter sich und die große Fähre, die dort vertäut lag. Weiter ging der Flug in Richtung Backwood. Der Drache war jetzt in Schräglage und kreiste über dem Ort. Samuel sah die Menschen auseinanderlaufen. Manche starrten in die Höhe. Instinktiv hob er den rechten Arm und begann zu winken, während er sich mit der linken festhielt. Wie ein Rodeoreiter.

"Hey!", schrie er hinunter. "Here I am! Look over here!"

Es war wunderbar. Nicht in seinen kühnsten Träumen hätte er gedacht, dass er mit dem Drachen fliegen würde. Er lehnte sich weiter zur Seite in der Hoffnung, dass man ihn dann besser sehen würde. Gleichzeitig klammerte er sich mit den Beinen fest an den rauen Panzer des Tieres und drückte dem Tier dabei die Ferse in den Hals. Samuel merkte, dass sich unmittelbar darauf die Flugbahn veränderte. Der Drache flog keine Kreise mehr, sondern wieder ein Stück geradeaus.

Konnte er den Drachen so etwa steuern? Mit dem Druck seiner Fersen, wie bei einem Pferd?

Er versuchte es gleich noch einmal, jetzt mit der anderen Ferse. Und tatsächlich, der Drache kippte leicht zur Seite und veränderte wieder seine Flugbahn.

Samuel genoss es, mit dem Tier hoch oben seine Kreise zu ziehen. Immer wieder tauchten sie in eine der Nebelwolken ein, die den Himmel verfinsterten. Feucht strich ihm die Luft um die Ohren und Samuel meinte ein seltsames Zischen zu vernehmen. Er blickte zur Seite und bemerkte, dass Dampf von den Schwingen aufstieg, wenn er durch den Nebel flog, so als verdunste der Nebel unter der Wärme, die von den Flügeln aufstieg.

Er flog noch einmal über Backwood und als er jetzt wieder nach unten winkte, sah er, wie die ersten Bewohner sich aus ihren Häusern wagten und zu ihm aufblickten. Sie erkannten ihn und winkten zurück.

Samuel hätte noch lange so fliegen können, aber schlagartig fiel ihm ein, dass seine Zeit hier bald abgelaufen wäre. Er musste zurück zu Lucas.

calm ruhig
am going to get down werde absteigen
some einige
fresh frische

Sein Blick suchte die Bergkette, glitt den Flusslauf entlang über den Wald, und dort hinten in der Ferne sah er den Berg und die Lichtung, von der sie aufgebrochen waren.

Er verstärkte den Druck seiner Fersen und merkte, wie der Drache auf die Bewegungen reagierte.

"It's fantastic!", rief er, als der Drache sich mit ungeahnter Eleganz auf der Lichtung niedergelassen hatte. Der Atem des Tieres ging schneller, es scharrte unruhig mit den Füßen. Die Verletzung unter dem Flügel schien ihm immer noch Probleme zu bereiten.

Samuel tätschelte ihm den Hals.

"Good boy. Good boy, stay **calm**. I'**m going to get down** now. Then we'll get you **some fresh** leaves for your wound. That'll do you good."

Der Drache schwenkte den Kopf, schob mit einem Fuß Sand zur Seite und bettete seinen Kopf in die Mulde, als wollte er Samuel das Herunterklettern erleichtern.
Von dem Rücken des Drachens abzusteigen war ähnlich schwierig wie der Abstieg von einer Felswand. Auch hier gab es scharfe Ecken und Kanten. Und Samuel machte sich angreifbar. Aber er war sicher, dass er das Vertrauen des Drachens gewonnen hatte. Er würde ihn mit der schmerzlindernden Kraft der Aloe vera in Verbindung bringen, hoffte er.
Mit einem Fuß beinahe schon auf dem Boden, glitt Samuel an dem riesenhaften dunklen Auge des Drachens vorbei. Groß und rund und finster sah ihn das Auge an und Samuel war, als würde er in einem Zeittunnel Tausende von Jahren zurückblicken.
"I'll get some more leaves for your wound. Wait here!" Liebevoll strich Samuel dem Drachen über den schuppigen Kopf, dann überquerte er die Lichtung und verschwand hinter den Bäumen.
"I don't believe it! You really flew on that monster!" Lucas, der sich sicherheitshalber immer noch hinter einem Baumstamm verbarg, schüttelte ungläubig den Kopf.
"It was great", sagte Samuel nur, erleichtert, dass sein Freund nicht geflohen war. "Let's look for some more aloe vera. He needs it."
Und gemeinsam mit Lucas ging er zurück in den Wald, um noch mehr Blätter der Heilpflanze zu suchen.

Als sie zur Höhle zurückkehrten, sah ihnen das Tier ruhig entgegen. Samuel zögerte kurz, dann trat er zu ihm und hielt ihm die Blätter der Pflanze hin. Der Drache schnaubte und drehte sich auf die Seite, sodass Samuel die Wunde besser erreichen konnte. Samuel stellte sich auf die Zehenspitzen, streckte sich und behutsam legte er dem Tier die wohltuenden Blätter auf. Vom Flug erschöpft, blieb der Drache, wo er war, öffnete noch einmal die Augen, ließ ein Knurren hören und sank in den Schlaf.

Bevor Samuel und Lucas sich auf den Weg machten, drehten sie sich noch einmal nach dem Drachen um.

call nennst
waved to haben zugewunken
at least zumindest
think of uns ausdenken

Sie stapften wieder durch den Wald und waren guter Dinge.

"Look at him!", sagte Samuel. "He's sweet, isn't he?"

"The things you **call** sweet!" Lucas schüttelte den Kopf. "I still can't believe you flew on him."

"It was fantastic. People in Backwood saw me flying over. They **waved to** me."

"So what now?", fragte Lucas. "Does this mean the trade route is open again?"

"Good question", erwiderte Samuel. "I don't think the dragon is dangerous any more. **At least**, not when I'm with him. We'll have to **think of** something to make sure he knows not to hurt anyone else, either."

The **Return** of the Knights

Samuel erwachte am Fluss. Halb lagen sie, halb saßen sie im Boot, das unverändert vor der Strömung geschützt in der kleinen Bucht lag.

"You **dozed off** again!", sagte Lucas. "We should **have a proper sleep**. I'm very tired after all that **excitement**."

Samuel nickte und tastete nach seinem Schwert.

Den Aufenthalt in Nocklesford hatte er so kurz wie möglich gehalten. Seine Mutter war noch bei der Arbeit gewesen und er hatte vom Dachboden aus gleich wieder die Reise zurück nach Darkland angetreten.

Er blickte über den Fluss. Das Wasser schien ruhiger zu sein als bei ihrer letzten Überfahrt und auch der Dunst schien sich gelichtet zu haben. Ideale Bedingungen, dachte Samuel.

"Are you ready?", fragte er.

"Aye aye, captain", antwortete Lucas.

"The water is nice and calm. It won't be dangerous. We'll push off from the bank. Then we'll **each** take a paddle and head for the opposite bank. The river will take us downstream, but when we're on land we can **follow** the towpath back home and **drag** the boat along in the water. All right?"

"If you say so", sagte Lucas.

return Wiederkehr
dozed off bist eingedöst
have a proper sleep richtig schlafen
excitement Aufregung
each jeder
follow folgen
drag schleppen

Minuten später schaukelte das Boot unter ihren kräftigen Paddelstößen über das Wasser. Die Überfahrt verlief ohne Probleme. Sie legten am anderen Ufer an und begannen, das Boot flussaufwärts nach Hause zu ziehen. Samuel blickte über das Wasser zu den Bergen, dorthin, wo er eben noch sein Abenteuer mit dem Drachen erlebt hatte. Von dem Tier war weit und breit nichts zu sehen. Lucas und Samuel mussten das Boot gegen die Strömung ziehen. Es war anstrengend und sie kamen nur langsam voran. Immer wieder ruhten sie sich aus.

"Uff!", stöhnte Lucas. "Until a few days ago my life was nice and **simple**. I was just the **blacksmith**'s son; I fetched water from the river, helped out at the smithy, and practised swordfighting with you. That was all I wanted, actually. And now I'm fighting a dragon, getting **swept** downstream, and dragging a boat up the river. All this hero stuff is really **exhausting**."

Sie setzten sich zu einer letzten Pause ans Ufer des Flusses. Sie konnten schon das Fährhaus sehen und in der Ferne erkannte man die ersten Dächer von Backwood.

Samuel lachte. "Yes", sagte er. "And it's **not over yet.** We **haven't finished** the plan."

"What?", entfuhr es Lucas vor Schreck.

"We have to **prove** that the old trade route can be used again. That's what everybody wants, and that's what

simple einfach
blacksmith Schmied
swept weggefegt
exhausting erschöpfend
over vorbei
not yet noch nicht
haven't finished haben nicht zu Ende gebracht
prove beweisen

the reward is for. We haven't killed the dragon, we've only tamed him. Now we have to prove that that's enough. We have to prove to people that the trade route is safe and that the dragon won't hurt them."
"And how do we do that?", fragte Lucas.
"We'll have to **show** them that there's no danger. First we have to **repair** the ferry. We'll have to **attach** a new rope. That won't be hard and it won't **take** long. When the ferry's working again, you'll be the first merchant to **travel** along the old trade route. You'll cross the river on the big ferry in a **donkey cart**, take the old trade route to Cornwall, and come back with a **cargo** of spices."
"Me?!", brauste da Lucas auf. "Why me?"
"Because you're brave, and because nothing will happen to you, because I'll be in the **air** with the dragon all the time you're crossing the mountain. There'll be no danger."
"Are you absolutely sure?", fragte Lucas. "No danger?"
"No danger", entgegnete Samuel. "I do**n't** think the dragon **ever** really wanted to hurt anyone. He was just angry because he **was in pain**. But I'm going to heal his wound, so he'll know that the people of Backwood don't want to hurt him, and he won't be a danger to anyone any more. You'll see. It'll work."
Lucas stöhnte. Lustlos warf er einen Stein ins Wasser.

show zeigen
repair reparieren
attach anbringen
take dauern
travel reisen
donkey cart Eselskarren
cargo Ladung
air Luft
not ever nie
was in pain Schmerzen hatte

"I'll have to think about it", sagte er.
Sie erhoben sich, nahmen das Seil auf, mit dem sie das Boot zogen, wandten sich flussaufwärts in Richtung Backwood – und erstarrten.
Sie standen zu dritt vor ihnen und versperrten ihnen den Weg.
"Look who it is – our brave heroes, the blacksmith's son and the ferry boy", spottete Ethan. "Dragging a boat upstream like **a couple** of **donkeys**."
Die anderen beiden lachten laut.
"That's what they are", sagte Liam. "A couple of donkeys. We should make them work for us."
"We'll have that boat, **for a start**!", sagte Finley.
"Yes!", bestätigte Ethan. "We need that. We'll cross the river and then we'**ll take care of** the dragon. He's an **enemy** to be killed, not a **pet** to fly about on. **Understood**? And when we kill him the **glory** will be ours, not yours."

a couple ein paar
donkeys Esel
for a start
erst einmal
will take care of ...
werden uns um ...
kümmern
enemy Feind
pet Haustier
Understood?
Verstanden?
glory Ruhm

Die drei waren nicht mehr als Maulhelden, das war Samuel klar. Sie standen in etwa zehn Metern Entfernung, ihre Pferde nicht weit von ihnen.
Er spürte wieder Wut in sich aufsteigen. Wut über die Taten der drei. Wut darüber, dass sie die Gegend terrorisierten, und Wut darüber, dass sie das Seil der Fähre durchtrennt hatten. Er spürte, dass diese Wut seine Hände zu Fäusten ballte.

Lucas warf ihm einen hilflosen, fragenden Blick zu. Samuel nickte ihm zu, mehr nicht. Nebeneinander blieben sie stehen.
"I'**m going to let go of** the rope now!", flüsterte Samuel Lucas zu. "And you must fasten the boat to this rock **as** quickly **as** you can. Then it won't drift away. I need to **sort out** this problem **once and for all**."
"Okay", antwortete Lucas kaum hörbar. Samuel berührte mit der Linken das Schwert.
Es war an seinem Platz.
Und schon ging es los.
Samuel ließ das Seil fallen, das Lucas rasch um den Stein wickelte. Mit großen Sprüngen flog Samuel regelrecht auf Ethan zu. Noch im Laufen zog er die Waffe, deren Klinge im Licht aufblitzte. Ein Schrei brach aus seiner Kehle. Ein Schrei, in dem alle Wut lag, die er spürte.

am going to let go of werde loslassen
as ... as so ... wie
sort out regeln
once and for all ein für allemal

Die drei wurden von Samuels Angriff vollkommen überrascht. Liam griff nach seinem Schwert, ließ es aber in der Scheide stecken, wohl wissend, dass er Samuel nichts entgegenzusetzen hatte. Finley war schon bei seinem Pferd und einzig Ethan zog sein Schwert und trat ihm entgegen. Aber seine Augen verrieten, dass er Angst hatte.
Mit zwei Schlägen entwaffnete Samuel Ethan. Dessen Schwert flog in hohem Bogen in die Fluten des Flusses. Ethan stand vollkommen reglos.
"That's the end of it!", brüllte Samuel wütend. "You're

going to **behave yourselves**, is that **clear**? Lucas and I have tamed the dragon. The trade route is open again, and the glory is certainly *not* yours!"
Die Spitze von Samuels Schwert näherte sich Ethans Kehle. Kein Kettenhemd, kein Brustpanzer schützte ihn dort. Er war Samuel hilflos ausgeliefert.

behave yourselves euch benehmen
clear klar
damage beschädigt
way Weise
are taking on nehmt es auf mit
dragon tamers Drachenbändigern
powerful mächtige
beat schlagen

"If you **damage** the ferry or the smithy again, if you do anything to the boat, attack us or threaten us in any **way**, you'll pay for it. Don't forget – you'**re taking on dragon tamers**, and they have **powerful** friends. Now get out of here!"
Samuel ließ sein Schwert sinken und Ethan hatte es eilig, sich davonzumachen. Einen letzten kurzen Blick noch warf er zurück zum Fluss, dorthin, wo sein Schwert untergegangen war, dann schwang er sich auf sein Pferd und die drei preschten davon.
"Samuel, you're a hero!", lachte Lucas. "With that sword, no one can **beat** you. Not a dragon, and not three knights together, either."

Seine Mutter empfing sie an der Tür. Sie war in Sorge gewesen, das war nicht zu übersehen. Ihre Stirn lag in Falten, als sie ihren Sohn an sich zog und mit einer innigen Umarmung fest umschlang. Sie strich Lucas liebevoll durchs Haar, dann forderte sie die beiden auf, zu erzählen.

"I was so worried about you, Samuel! I came home and saw that the rope from the ferry **had been cut** and the boat had disappeared. I had **no idea** where you were. I went to Backwood to look for you, and then I saw you flying over our heads – on the dragon! How on earth did you do it? You're a hero, boy. Everybody in town is out on the street. They're all waiting for you – they want to know what happened."

"It's all all right again, Ma", sagte Samuel. Und dann erzählte er ihr die Geschichte, wie sie über den Fluss und durch den Wald gezogen und schließlich auf den Drachen gestoßen waren.

had been cut durchgeschnitten worden ist
no idea keine Ahnung

Die gleiche Geschichte, nur noch ein bisschen weiter ausgeschmückt, gab Samuel wenig später in Backwood zum Besten, vor einer begeisterten Menschenmenge, die ihn wieder und wieder hoch leben ließ.

Heroes

Das Unternehmen war gut vorbereitet. Das Seil der Fähre war wieder gespannt. Samuel und Lucas hatten noch zweimal den Fluss überquert und den Drachen aufgesucht und Samuel hatte mit den Blättern der Aloe vera seine Wunde versorgt. Und er hatte einen weiteren Flug auf dem Tier unternommen.

Mit dem Eselskarren waren sie heute gefahrlos auf dem großen Fährboot übergesetzt. Während Samuel sich auf den Weg zum Drachen machte, wartete Lucas mit dem Fuhrwerk in der Nähe der Anlegestelle. Von hier führte der Handelsweg ein Stück am Ufer entlang, bevor er sich zwischen hohen Bergen hindurch nach Cornwall schlängelte.

Lucas wollte warten, bis er Samuel mit dem Drachen in der Luft sehen würde, dann wollte er aufbrechen. Aber Lucas wartete nicht allein am Fluss. Am anderen Ufer, beim Fährhaus, hatte sich eine große Menschenmenge eingefunden. Alle wollten sehen, ob Samuels Plan funktionierte und Lucas tatsächlich gefahrlos würde nach Cornwall reisen können.

Samuel hatte die Höhle des Drachens erreicht. Der Weg in die Berge war nicht mehr so anstrengend, er musste sich nicht mehr mit dem Schwert eine Schneise in das Gestrüpp schlagen. Seit sie sich das erste Mal durch den Wald gekämpft hatten, war ein Pfad geblieben, der wie ein Tunnel durch das Grün führte.

Er hatte einen ganzen Beutel Aloe-vera-Blätter gesammelt, die er dem Drachen vor dem Flug noch auf seine Wunde legen wollte.
"Hello, my friend!", grüßte Samuel das Tier.
Der Drache lag vor seiner Höhle. Als Samuel zu ihm sprach, öffnete er die Augen und sah ihn an. Er hatte sich an den kleinen Menschen gewöhnt. Er wusste, dass von ihm die Linderung seiner Schmerzen ausging. Er ließ ein Schnauben hören, sein mächtiger Körper hob und senkte sich mit jedem Atemzug.
"Let me see your wound", sagte Samuel und kam dem Drachen ganz nahe. Er musste nicht mehr den Umweg über die Felswand nehmen, um auf seinen Rücken zu gelangen. Der Drache ließ es zu, dass Samuel auf ihn kletterte, sich an den schroffen Schuppen nach oben zog, um sich dort vorsichtig um die Wunde zu kümmern. Beruhigend sprach er auf das Tier ein und strich mit der Hand über die raue Oberfläche des Panzers. Ob der Drache das spürte oder nicht, er schien, es als freundschaftliche Geste zu betrachten.
Samuel zog sich weiter an der Schuppe hoch bis zu der Verletzung unter dem Flügel. Der Heilungsprozess machte Fortschritte. Der Eiter war verschwunden, die Wunde schien sauber zu sein und Samuel glaubte, dass sie auch kleiner geworden war. Eine dünne Schorfkruste begann sich zu bilden. Dass das ein gutes Zeichen war, wusste Samuel von seinen Knien: Hatte sich Schorf auf seinen Schürfwunden gebildet, war die Heilung auf bestem Wege.

Er legte mit Bedacht die Aloe-vera-Blätter auf den Schorf und ließ die Kühle wirken. Dann stieg er dem Drachen in den Nacken und sanft ließ er ihn den Druck seiner Fersen spüren.

“Come on, my friend. How about a little **flight**?”

Eine Bewegung ging durch den Drachen. Samuel durchströmte ein wohliges Gefühl der Erregung. Es war fantastisch, wie dieses riesige Tier auf den sanften Druck seiner Fersen reagierte und seine Worte zu verstehen schien.

flight Flug

Er war ein Drachenbändiger.

Langsam richtete sich der Drache auf. Erst robbte er ein Stück vor, stellte dann die Hinterbeine auf, um sein Gewicht schließlich auf die Vorderbeine zu verlagern. Nun stand er und breitete seine Flügel aus.

Die Spannweite war enorm. Wie ein Pilot vor dem Start seines Flugzeugs betrachtete Samuel die riesigen Schwingen. Ihm gefiel, was er sah. Mit Genugtuung beobachtete er, wie der Flügelschlag einsetzte. Auf und ab schlug der Drache die Schwingen, Staub wirbelte auf, dann duckte er sich, federte kurz in den Beinen, um dann mit einem Satz vom Boden abzuheben, mit einer Eleganz, die einem Tier von solcher Größe kaum zuzutrauen war.

Augenblicklich pfiff Samuel der Wind um die Ohren. Sie glitten über die Wipfel der Bäume hinweg, flogen über die Weite des Grüns hinunter zum Fluss, wo Lucas auf sie wartete.

Samuel entdeckte seinen Freund mit dem Eselskarren sofort und winkte ihm zu.
“Lucas! All clear!”, rief er.
Lucas winkte zurück.
“Ho! Ho!”, rief er dem Esel zu, der vor den Karren gespannt war, und ließ das Tier die Zügel spüren.
Lucas war alles andere als ein Eselskarrenlenker. Er hatte sich in den letzten Tagen mit seiner Aufgabe anzufreunden versucht und immer wieder geübt, das Gefährt zu lenken. Doch keine Frage, ein Drachenreiter war das um vieles heldenhaftere Bild als das eines Eselskarrenlenkers. Aber es gehörte zum Plan, dass er diese Reise unternahm, und so war er der Auserwählte, der den alten Handelsweg nach Cornwall befahren sollte.
“Ho! Ho!”, rief er wieder und verspürte ein gewisses Gefühl der Genugtuung, als sich der Esel langsam in Bewegung setzte.
Samuel hoch oben sah, dass Lucas auf dem Weg war. Er war sich sicher, dass ihr Plan klappen würde.
Er winkte noch einmal, dann lenkte er den Drachen über die weite Ebene jenseits des Flusses und flog über die Menschen hinweg, die sich bei seiner Mutter rund um das Fährhaus und auf dem Steg eingefunden hatten. Bis hin zur Burg des Fürsten lenkte er den Drachen und flog dann zurück, um ein paar Runden über Backwood zu drehen.
In der Ferne sah Samuel, wie sich Lucas mit dem Eselskarren immer weiter vom Fluss weg bewegte. Mit

seinem Karren umkurvte er ein paar Felsen auf der Straße, die noch von der einstigen Wut des Drachens zeugten, und steuerte den Karren sicher durch die Schlucht auf Cornwall zu.
Es funktionierte!
Als Lucas nicht mehr in Sichtweite war, kehrte Samuel mit dem Drachen zur Höhle zurück. Dort wollten sie sich ausruhen, bis sie sich wieder in die Lüfte würden erheben müssen, wenn Lucas auf dem Rückweg war.
Und Samuel brauchte die Pause auch für einen kurzen Aufenthalt in Nocklesford.
Alles klappte wie am Schnürchen.
Samuel verließ Darkland, kehrte zurück, stieg wieder mit dem Drachen auf. Und tatsächlich, dort unten sah er den Eselskarren kommen, prall beladen mit Säcken und Körben.

clear away wegräumen
wheels Räder
are going to be farming wirst bewirtschaften

Wenig später befanden sich die Jungen auf der Fahrt zurück über den Fluss.
"Were you scared?", fragte Samuel.
"No, actually, I wasn't", antwortete Lucas. "It was just a bit difficult driving the cart around the rocks the dragon had dropped on the road. We'll have to **clear** them **away** so that they don't damage the **wheels**."
"Someone else will have to do that, because you won't have time", sagte Samuel und klopfte Lucas auf die Schulter. "You**'re going to be farming** one of the most fertile fields in the country, because you're one of the

dragon tamers. You'll be a rich man, not getting your hands dirty clearing away rocks."

"You're the dragon tamer, and you know it, Samuel."

Sie hatten den Steg vor dem Fährhaus erreicht und wurden begeistert empfangen. Gemeinsam zog die Menge weiter nach Backwood. In einer feierlichen Zeremonie auf dem Marktplatz wurden Samuel und Lucas tausend Sovereigns ausgezahlt und ein Acker überschrieben.

Sie waren Helden.

In der Folgezeit unternahm Samuel einmal in der Woche einen Flug mit dem Drachen. Immer an diesem Tag begab sich eine kleine Karawane von Händlern nach Cornwall, belud dort die Wagen mit den ersehnten Waren und brachte sie ohne Zwischenfälle auf den Marktplatz von Backwood. Samuel hatte seiner Mutter ein größeres Haus und Lucas' Vater eine größere Schmiede bauen lassen.

Von Ethan, Liam und Finley drohte keine Gefahr mehr. Niemand wagte es, sich mit den Drachenbezwingern anzulegen. Sie genossen den Respekt aller.

Es war ein schwarzer Tag für Mr Peterson gewesen. Bei einem seiner nächtlichen Spaziergänge mit seinem Hund war er über die Leine gestolpert und so unglücklich gestürzt, dass er sich seine Schneidezähne ausgeschlagen hatte. Die folgenden Tage war er krankgeschrieben; er sollte ein Zahnprovisorium erhalten, bis die Lücken dauerhaft geschlossen würden. Aber es gab Schwierigkeiten mit dem Provisorium, es wurde nicht

rechtzeitig fertig, und da es Mr Peterson sonst an nichts fehlte, musste er wieder zur Schule.
Peterson war jetzt ein Englischlehrer, der die Aussprache des Buchstabens S nicht mehr beherrschte. Dafür übertrieb er es mit dem 'Th'. Er konnte einfach nicht mehr anders, jedes S war nun ein 'Th', auch das S in Samuels Namen.

are lucky hast Glück
knock out ausschlagen

Für Samuel war das eine Genugtuung, denn er wurde nicht mehr aufgerufen.
Es war für Mr. Peterson einfach zu peinlich, Samuel mit 'th' auszusprechen.
"You'**re lucky**", sagte Luke. "You've got a break from Mr Peterson."
"Yes", sagte Samuel. "But I think perhaps I earned it."
"What do you mean? Was it you? Did you attack him in the night and **knock** his teeth **out**?!"
Samuel grinste vielsagend. "Of course!", sagte er. "You know me."
Sie waren bei Samuel zu Hause. Luke hatte endlich einmal das Haus sehen wollen, in das Samuel eingezogen war und dessen Herrichtung so viel Zeit verschlang, dass es für Samuel so gut wie nie eine Gelegenheit gab, etwas gemeinsam mit ihm zu unternehmen.
Aber Luke hatte bisher nichts ungewöhnlich Zeitraubendes entdecken können.
"Does this house have an attic?", fragte er.
"Of course it's got an attic!", erwiderte Samuel.
"A big one?"

"A big one."
"Show me!"
"Okay. Come on."
Luke folgte Samuel die Treppe nach oben.
"Wow! This room is really cool. I'd put a sofa up here, and a TV and a **reading lamp**. This is where I'd read my comics.".
Luke entging freilich nicht das Gebilde, das in einer Ecke stand.
Unter einem schwarzen Tuch ruhte da etwas Geheimnisvolles auf drei Holzbeinen.
"What's that?", fragte er.
"That's my great-grandfather's old camera", antwortete Samuel zögerlich und zog langsam das schwarze Tuch herunter.

reading lamp Leselampe
kind Sorte
cloth Tuch
ancient uralt
service Wartung
especially vor allem

"Cool!", entfuhr es Luke. "Is it the **kind** where you have to put a black **cloth** over your head to take a photo? I saw that once on TV."
"Exactly."
"Does it still work?", wollte Luke wissen.
Samuel schüttelte den Kopf. "Well, I haven't tried to take photos with it ...", sagte er zögernd. "But no, I don't think it still works. It's **ancient**, and it would need a good **service** first."
Luke umkreiste begeistert die alte Kamera und betrachtete das Gerät eingehend.
"Incredible!", sagte er. "**Especially** when you think about the cameras we have nowadays. One hundred

years ago, this was the new **technology**. Now we're all taking photos on our mobile phones, and this thing looks like a monster. Like a **time machine**."

technology Technologie
time machine Zeitmaschine
shutter Verschluss
lens Linse
at the front vorne
set einstellen
depending on abhängig davon
doesn't matter macht nichts

"Right", antwortete Samuel. "It *is* a time machine. The **shutter** is on the **lens at the front**, and you can **set** it to different times, **depending on** how long you want to be away."
"Really?", fragte Luke interessiert. "Where?"
Aber schwupp! warf Samuel schnell wieder das schwarze Tuch über den Apparat.
Lukes Neugierde war ihm nicht geheuer. Unter allen Umständen musste er verhindern, dass Luke an dem Gerät herumspielte und womöglich die Verschlusszeiten verstellte. Samuel brauchte den Apparat. Er musste jede Woche nach Darkland.
Wie gut, dass seine Mutter gerade jetzt nach ihm rief.
"Samuel! Where are you?"
"Up here!"
Er ging mit Luke wieder nach unten ins Erdgeschoss.
"Ah!" Seine Mutter machte ein erfreutes Gesicht. "You must be Lucas from Samuel's class at school. Nice to meet you at last! I'm Samuel's mother."
"Hello!", sagte Luke. "Actually, everybody calls me Luke, not Lucas – but it **doesn't** really **matter**."
"Really? I thought ..." Samuels Mutter runzelte die Stirn und schaute verwirrt zu Samuel. "Luke ... Yes, of

course – sorry, I **must have got it wrong**. So, Luke! What's so interesting up there in the attic? Samuel spends just about every **spare** minute up there. Are there secrets that I don't know about? Ghosts, perhaps?"
Luke lächelte schüchtern. Samuel versuchte das Thema zu wechseln.
"Why **did you call** me?", fragte er.
"Sam, darling", sagte seine Mutter, "I've just got home and realized that I **forgot to pick up** something from the chemist's. Would you go for me? It won't take a second on your bike, and I'm so tired. Perhaps Luke would like to go too? The chemist's is next to the **Italian** restaurant. You can **both** buy ice creams, if you want. Would you mind?"
"Okay!", sagte Samuel. "Let's go, shall we, Luke?"
"Sure."

must have got it wrong muss es falsch verstanden haben
spare freie
did you call hast gerufen
forgot vergessen habe
to pick up abzuholen
Italian italienischen
both beide

Die Schlange vor dem Eisfenster des Restaurants war lang wie immer. Etwa zwanzig Leute standen vor der Vitrine und warteten, dass sie an die Reihe kamen.
Als Samuel und Luke ihre Räder abstellten und sich zu den Wartenden gesellten, bemerkten sie, dass sich in der Schlange nicht nur sympathische Menschen befanden. Pete und Tom standen unmittelbar vor ihnen. Von Scotty war nichts zu sehen. Aber auch wenn

Scotty mit von der Partie gewesen wäre, Samuel hätte sich nicht zurückgehalten.
"Aha", sagte er, als sie sich hinter den beiden anstellten, "So, where's your boss?"
Pete und Tom drehten sich kurz um, verzogen aber keine Miene.
"**Windy** today, isn't it", sagte Samuel.
"Huh?" Pete und Tom guckten in den Himmel, auf die Bäume ringsum, an denen sich kein Blatt bewegte.
"I said, it's very windy", sagte Samuel. "The **weather forecast** said there's a danger that ice cream could fly out of **cones**. You should be very careful."
Die Gesichter der beiden versteinerten sich.
"But, you know, you can always buy **insurance**", fuhr Samuel fort. "All it **costs** is two **scoops** of ice cream. Then you can be sure that nothing will happen."

windy windig
weather forecast Wettervorhersage
cones Waffeln
insurance Versicherung
costs kostet
scoops Kugeln
flavour Geschmack
ginger Ingwer
mint Minze
another one noch eins

Die Schlange rückte weiter vor und als Pete und Tom an der Reihe waren, drehte sich Tom um und fragte: "Okay. What **flavour**?"
"Chocolate **ginger**, and milk **mint**!", antwortete Luke und stieß Samuel den Ellbogen in die Seite.
"And **another one**", hörte Samuel jetzt Tom zu dem Verkäufer sagen.

"Cool!", schwärmte wenig später Luke, als sie sich an ihre Fahrräder lehnten und ihr Eis genossen. "That was really cool, that thing with the insurance. But I wonder what they'll do to me in school tomorrow, when they've got Scotty with them again."
"They won't do anything to you", sagte Samuel. "I have magical powers, remember? I'm a dragon tamer. It's no problem for me to tame three **stupid bullies**."
Luke lachte auf.
"All right then, Mr Dragon Tamer. So – what about tomorrow afternoon? Do you want to play football?"
"Tomorrow?" Samuel verzog das Gesicht. "I'm afraid I can't tomorrow. But the day after tomorrow would be fine."
Morgen konnte Samuel wirklich nicht. Er wollte nach Darkland. Er musste doch den Drachen fliegen.

stupid dumme
bullies Rüpel